LE NOYÉ DU LAVABO

André GAILLARD et Teddy VRIGNAULT

Éditions ART ET COMÉDIE
3, rue de Marivaux
75002 PARIS

Le duo *Les Frères Ennemis*, voit le jour en 1953, dans un cabaret de Saint-Germain-des-Prés. L'humour d'André Gaillard et Teddy Vrignault conquiert rapidement un large public et c'est tout naturellement que les humoristes investissent les scènes des music-halls parisiens, très nombreux à l'époque. Leur succès grandissant les amène à la télévision et au théâtre. Loué par les plus grand tels que Michel Audiard et Raymond Devos, le duo est également récompensé par de nombreux prix, comme le Grand Prix du Disque de l'Académie Charles Cros ou encore le Grand Prix de l'Humour de la SACD, qu'ils reçoivent en 1981.

« Les gens bien intentionnés qualifient Les Frères Ennemis *d'amuseurs. Les gens moins bien intentionnés les classent parmi les "rigolos". Ils valent beaucoup mieux que ça. Le délire verbal, le coq à l'âne, la gymnastique des mots, est probablement le sens exigeant le plus de maîtrise, le plus de rigueur, en un mot : le plus de style. Ce n'est pas Raymond Devos qui me contredira.*

Pourquoi Devos ? Parce que l'on pense souvent à lui en écoutant (plus qu'en regardant) Les Frères Ennemis. *Rien de commun pourtant entre les silences hallucinés de l'un et le bombardement verbal des autres. Rien de commun entre le gros passant lunaire et les affreux jojos. Si pourtant. Un même vent de folie embusqué au coin d'une réplique et qui déclenche la tornade, la même logique implacable (et un peu inquiétante) derrière l'incohérence.*

Or, si le comique est le lot de beaucoup, si l'humour est le privilège de certains, l'incohérence reste l'apanage des grands. » Michel Audiard

« *Mes biens chers* Frères Ennemis,
Puisque vous insistez…
Je vais vous dire quelque chose
… et tout d'abord,
pardon pour ce ton préchi-précha :
« *Mes biens chers* Frères Ennemis »
C'est que…
Bien que vous ne soyez pas des enfants de chœur…
Non plus que moi un frère prêcheur,
J'ai la ferme intention de vous donner
Ma bénédiction, non par indulgence,
Grand Dieu, mais par absolue admiration.
À vous mes frères
Qui tirez la sonnette du rire,
Avant que ne retentisse celle des larmes !
À vous apôtres de l'absurde,
(mes bons apôtres)
Qui portez la bonne parole,
La belle,
La délirante,
La futile parole,
L'indispensable,
Celle qui sert de contrepoids
À l'intelligence qui, trop souvent, se pique de raison !
À vous mes frères…
Qui n'êtes pas ennemis du colloque :
« *Colloquons, voulez-vous ? »*
Et le dialogue s'engage,
Se poursuit envers et contre tout !

Il persévère ;
Rien ne l'arrête,
Surtout pas le bon sens !
Dialogue bien évidemment
Très spécial,
Très précieux !
Dialogue de fou pour le sage,
De sage pour le fou…
Les interlocuteurs ont la parole buissonnière ;
Ils passent du coq à l'âne !
La raison s'égare ;
L'esprit se retrouve !
Pour tout ce remue-ménage,
Pour tout ce remue-méninges,
Je brandis mon goupillon et,
En vertu des pouvoirs que je me suis conféré,
Je vous déclare,
Mes bien chers Frères Ennemis,
Dûment aspergés !
Tout en agitant mes grelots…
– Chez moi, c'est une marotte ! –
Votre impénitent,
Raymond Devos » Raymond Devos

PERSONNAGES
par ordre d'entrée en scène

LE COMMISSAIRE ROUSSIN
L'INSPECTEUR LACAVE
UN AGENT DE POLICE
UN PHOTOGRAPHE
LE MÉDECIN LÉGISTE
FÉLICIEN SALINGUE
LE CONCIERGE LEBAVEU
LE DUC DE MORNIFLE
DOROTHY PADDOCK
UN SCOUT
L'INSPECTEUR LENVAPÉ
WILLIAM PADDOCK
L'INSPECTEUR PATURON
GINETTE GLOMEAU
VITTELLEVIAN DIT H2O
UNE OMBRE
UNE VOIX OFF

Ces personnages seront interprétés par 5 comédiens et 2 comédiennes.
Un comédien sera : l'agent de police, le concierge et le scout.
Un comédien sera : le photographe, M. Salingue et l'inspecteur Paturon.
Un comédien sera : le médecin légiste, le duc de Mornifle et l'inspecteur Lenvapé.
Une comédienne sera : Dorothy Paddock et William Paddock (avec les cheveux courts)
Une comédienne sera : Ginette, une ombre et la voix off.

DÉCORS

Acte I : Une chambre à coucher. Sur le pan coupé côté cour, une porte donnant sur le vestibule. Puis le lit face au public. Côté jardin, un autre pan coupé avec une porte donnant sur la salle de bains. Quelques meubles que l'on trouve habituellement dans une chambre à coucher : une table de nuit, un fauteuil, une petite table ronde...

Acte II : Le bureau du commissaire. À gauche, une porte. À droite, une fenêtre. Près de la porte, un autre bureau sur lequel se trouve une machine à écrire. Au centre, face public, un classeur.

Acte III : L'appartement de la victime, Max Loupigne, plongé dans l'obscurité.

ACTE I

SCÈNE I

Le roulement du brigadier est remplacé par un bruit de gouttes d'eau s'écoulant d'un robinet. Ce roulement s'arrête et on entend, pour remplacer les trois coups, le bruit que font les trois gouttes d'eau espacées, tombant dans un lavabo.

Le commissaire Roussin, l'inspecteur Lacave et un agent de police sont en faction devant la porte de la salle de bains.

ROUSSIN. – À quelle heure a-t-on découvert le corps?

LACAVE. – À 11 heures du matin. La nuit tombait.

ROUSSIN. – La nuit tombait à 11 heures du matin?

LACAVE. – Non, pardon… C'était 11 heures du soir…

ROUSSIN. – Ah bon…

LACAVE. – Mais il faisait encore jour.

ROUSSIN. – Qui a découvert le corps?

LACAVE. – Le concierge.

ROUSSIN. – Où se trouvait-il?

LACAVE. – Dans le lavabo.

ROUSSIN. – Le concierge?

Lacave. – Non, le corps.

Roussin. – Comment était-il ?

Lacave. – Eh bien, la victime reposait, morte noyée, la tête dans le lavabo rempli d'eau et les pieds dans l'armoire de toilette.

Roussin. – Crime, suicide ? Ou suicide maquillé en crime ?

Lacave. – Comme le crime ne paie pas, ce devait être un suicide.

Roussin. – Le suicide ne paie pas non plus.

Lacave. – Alors il a peut-être eu un malaise en se lavant les dents.

Roussin. – C'est possible, mais pourquoi avait-il les pieds dans l'armoire de toilette ?

Lacave. – Se sentant partir, il a peut-être essayé de se raccrocher ?

Roussin. – Avec les pieds ?

Lacave. – Ben oui, puisqu'il se lavait les dents ; il avait donc besoin de ses mains.

Roussin. – On ne se lave pas les dents avec deux mains !

Lacave. – C'est quand même plus facile que de se laver les dents avec un pied.

Roussin. – Votre perspicacité me touche, inspecteur.

Lacave. – Merci commissaire. Dois-je poursuivre ?

Roussin. – Qui, l'assassin ?

Lacave. – Non, ma narration.

Roussin. – D'accord, poursuivez.

Lacave. – C'est tout.

Roussin. – Parfait.

À cet instant, un photographe sort de la salle de bains.

Scène 2

PHOTOGRAPHE. – Salut, commissaire !

ROUSSIN. – Salut, Méliès. Vous avez pris toutes les photos nécessaires ?

PHOTOGRAPHE. – Oui, mais le plus dur ça a été le visage.

ROUSSIN. – Pourquoi ?

PHOTOGRAPHE. – Eh bien, comme la victime a la tête en bas, dans le fond du lavabo, il a fallu que je démonte le siphon et le tuyau d'écoulement, que je retire la bonde, et c'est par le trou que j'ai pu photographier le visage... enfin, une partie.

ROUSSIN. – Laquelle ?

PHOTOGRAPHE. – L'œil gauche.

ROUSSIN. – Comment est-il ?

PHOTOGRAPHE. – Plein d'eau.

ROUSSIN. – Encore un romantique. Mais au fait, en démontant la tuyauterie, vous avez vidé le lavabo ?

PHOTOGRAPHE. – Rassurez-vous, j'avais au préalable transvasé l'eau dans un seau stérilisé. Quand j'ai eu pris la photo, j'ai tout remonté, replacé la bonde et reversé l'eau.

ROUSSIN. – Bravo. Allez me développer ces photos au plus vite.

PHOTOGRAPHE. – J'y cours ! Ciao ! *(Il se dirige vers la porte donnant sur le vestibule.)*

ROUSSIN. – Ah ! j'y pense ! Tirez-en quelques-unes pour moi.

PHOTOGRAPHE. – Pour vos archives personnelles ?

ROUSSIN. – Non, c'est pour faire des cartes de vœux.

PHOTOGRAPHE. – D'accord ! *(Il sort.)*

SCÈNE 3

ROUSSIN. – Au fait, Lacave…

LACAVE. – Oui, commissaire ?

ROUSSIN. – Avez-vous trouvé des empreintes ?

LACAVE. – Oui, sur le savon. Mais on n'en tirera rien.

ROUSSIN. – Pourquoi ?

LACAVE. – C'est du savon noir.

ROUSSIN. – Dommage. Sans empreintes, l'enquête démarre mal…

LACAVE. – En tout cas, je peux affirmer que la victime était une marine.

ROUSSIN. – Une quoi ?

LACAVE. – Une marine.

ROUSSIN. – Un commando américain ?

LACAVE. – Non, une marine.

ROUSSIN. – Un tableau ?

LACAVE. – Non, une marine, comme celui qui navigue.

ROUSSIN. – Celui qui marine s'appelle un marin. On dit « un marin », pas « une marine » !

LACAVE. – Excusez-moi, commissaire, mais j'ai l'impression que la syntaxe qui ordonnait ma phrase vous a échappée. Je vous ai dit : « je peux affirmer que la victime était » donc, qu'est-ce qui était ? C'est la victime. Donc « marin » s'accorde avec « victime ». Comment est la victime ? Elle est marine !

ROUSSIN, *désignant l'agent en faction.* – Alors de quelle couleur est son costume ?

LACAVE. – Il est bleu marin.

ROUSSIN. – Non, Lacave ! Son costume est bleu marine ! Et la victime était un aviateur !

LACAVE. – Comme vous voudrez, commissaire.

ROUSSIN. – Ça n'est pas parce que je veux, c'est comme ça ! Bref ! Qu'est-ce qui vous a fait dire que cet homme était un marin ?

LACAVE, *désignant l'agent.* – Qui, lui ?

ROUSSIN. – Non, la victime !

LACAVE. – Eh bien, il y a deux ou trois petits détails dans sa tenue vestimentaire.

ROUSSIN. – Lesquels ?

LACAVE. – Eh bien, la victime porte un suroît de marin, une casquette de marin, des bottes de marin, un gilet de sauvetage. Dans sa poche bâbord il y a une carte marine, et dans sa poche tribord un sextant, et à son poignet une montre sous-marine.

ROUSSIN. – La victime porte une montre ?

LACAVE. – Oui, commissaire. Une montre javanaise.

ROUSSIN. – Dans ce cas, regardez si la montre ne s'est pas arrêtée, ça nous donnerait l'heure exacte du crime ou du suicide.

LACAVE. – J'ai regardé, commissaire.

ROUSSIN. – Et alors?

LACAVE. – Elle marche.

ROUSSIN. – Ah! zut!

LACAVE. – Remarquez, commissaire, ça ne veut rien dire : moi je ne suis pas mort, pourtant ma montre est arrêtée.

ROUSSIN. – Vous avez prévenu le médecin légiste?

LACAVE. – Oui, commissaire. Dès mon arrivée.

ROUSSIN. – Alors comment se fait-il qu'il ne soit pas encore là? Il habite loin?

LACAVE. – Au-dessus.

ROUSSIN. – Au-dessus de quoi?

LACAVE. – Au-dessus d'ici.

ROUSSIN. – Alors que fait-il? Il n'a qu'un étage à descendre.

LACAVE. – Il a peut-être raté une marche.

ROUSSIN, *désignant le téléphone.* – Appelez-le. Dites-lui que la victime trempe et que nous l'attendons.

LACAVE. – Bien, chef. *(Il décroche le téléphone.)* Allô! Pourrais-je parler au Dr Morand?… Ah bon… Merci. Au revoir, madame. *(Il raccroche.)*

ROUSSIN. – Alors?

LACAVE. – Il est parti depuis une heure.

ROUSSIN. – Quoi?!

À cet instant, la porte s'ouvre et le médecin paraît.

SCÈNE 4

ROUSSIN. – Qui êtes-vous ?

MÉDECIN. – Morand, médecin légiste.

ROUSSIN. – Ah ! quand même !

MÉDECIN. – Excusez-moi, j'étais coincé dans l'ascenseur.

ROUSSIN. – Vous prenez l'ascenseur pour descendre un étage ?

MÉDECIN. – Oui, la rampe de l'escalier était sale. Bon, où est le corps ?

ROUSSIN. – Dans le lavabo de la salle de bains.

MÉDECIN. – Ça change de la baignoire… *(Il entre dans la salle de bains.)*

ROUSSIN. – Dites-moi, Lacave, en dehors du concierge, vous n'avez vu personne d'autre dans l'immeuble ?

LACAVE. – Pas encore, commissaire.

ROUSSIN. – Allez me chercher ceux que vous trouverez et arrangez-vous pour savoir où sont les autres.

LACAVE. – C'est comme si c'était fait, chef !

ROUSSIN. – Dans ce cas, restez ici, c'est pas la peine de perdre du temps. *(Le médecin sort de la salle de bains.)* Alors docteur, parlez-moi du mort…

MÉDECIN. – Bon départ de chanson, commissaire ! *(Il chante sur l'air de « Parlez-moi d'amour ».)* « Parlez-moi du mort… »

LACAVE. – Ah ! ah ! Très drôle ! Hi ! hi !

ROUSSIN. – Lacave, ce rire est de trop ! Alors, docteur ?

MÉDECIN. – Eh bien, nous nous trouvons en présence d'un double crème.

ROUSSIN. – Pardon ?

MÉDECIN. – Non, d'un double crime. Je me demande pourquoi j'ai dit « double crème », je ne bois que du café noir…

LACAVE. – Avec un croissant ?

MÉDECIN. – Non, avec un œuf coque et des mouillettes. Je ne digère pas les croissants.

LACAVE. – Moi je ne supporte pas les œufs, alors je prends un croissant.

MÉDECIN. – Avec un café noir ?

LACAVE. – Non, avec un double crème.

MÉDECIN. – Moi j'aime pas le lait. Et vous, commissaire ?

ROUSSIN. – Moi je m'en fous ! Ce qui m'intéresse, c'est le mort ! Alors ?!

MÉDECIN. – Eh bien, avant de mourir noyée dans son lavabo, la victime a été assommée par un objet contondant.

ROUSSIN. – Quel genre ? Barre de fer, fer à friser ?

MÉDECIN. – Éponge.

ROUSSIN. – Pardon ?

MÉDECIN. – La victime a été assommée par une éponge.

ROUSSIN. – Une éponge ?!

LACAVE. – Du latin « spongia » ?

MÉDECIN. – Parfaitement, une éponge… dans laquelle on avait glissé une boule de pétanque.

ROUSSIN. – Incroyable !

MÉDECIN. – Mais vrai !

ROUSSIN. – Vous avez une preuve de ce que vous avancez ?

MÉDECIN. – Tenez, regardez vous-même. *(Il sort une éponge de sa serviette.)*

ROUSSIN. – Lacave, donnez-moi un couteau.

LACAVE. – Voilà, chef. *(Il lui tend un peigne.)*

ROUSSIN. – Qu'est-ce que c'est que ça ?

LACAVE. – Un peigne.

ROUSSIN. – Je vous ai demandé un couteau.

LACAVE. – Je n'en ai pas, chef.

ROUSSIN. – Pourquoi ne me l'avez-vous pas dit ?

LACAVE. – Je n'ai pas osé, chef.

ROUSSIN. – Sachez, Lacave, que « le premier symptôme de l'amour vrai chez un jeune homme, c'est la timidité, chez une jeune fille, c'est la hardiesse* ».

LACAVE. – Je sais, chef.

ROUSSIN. – Lacave, ne me dites pas que vous m'aimez ?!

LACAVE. – Oh non, chef !

ROUSSIN. – Alors pourquoi lorsque je vous demande un couteau, me tendez-vous un peigne ?

*Victor Hugo, *Les Misérables*.

19

LACAVE. – Peut-être que ce matin je me suis coiffé avec mon couteau…

ROUSSIN. – Docteur, vous avez un couteau?

MÉDECIN. – Oui, mais je ne le prête pas. D'ailleurs, votre couteau est inutile.

ROUSSIN. – Pourquoi?

MÉDECIN. – Parce que cette éponge a une fermeture Éclair.

ROUSSIN. – Quoi?

MÉDECIN. – Permettez? *(Il prend l'éponge et l'ouvre avec une fermeture Éclair.)* Et voilà la boule de pétanque!

ROUSSIN. – Ça par exemple! Cet assassin a du génie!

LACAVE. – Pour peu qu'il habite la Bastille…

ROUSSIN. – Lacave!

MÉDECIN. – Ah! ah! Très drôle!

ROUSSIN. – Lacave, vous me copierez cent fois : « C'est pas parce que les routiers sont sympas qu'ils doivent doubler dans les virages. » À votre avis, docteur, à quand remonte la mort de la victime?

MÉDECIN. – À 22 h 37, hier au soir.

ROUSSIN. – Trente-sept minutes juste?

MÉDECIN. – À un centième près.

ROUSSIN. – Parfait. Nous avons donc une certitude et un indice.

LACAVE. – Lequel, commissaire?

ROUSSIN. – Pouvez-vous réfléchir un instant, Lacave?

Lacave. – Allez-y, commissaire, j'ai du temps devant moi.

Roussin. – Nous savons… Lacave, si vous dites « de Marseille », je vous envoie aux archives !

Lacave. – J'ai rien dit, chef !

Roussin. – Non, mais vous y avez pensé, ce qui revient au même. Donc nous savons que l'arme du crime est une boule de pétanque cachée dans une éponge. Nous sommes bien d'accord ? Lacave ! Je vous parle ! Vous boudez ?

Lacave. – Non, chef. Je réfléchissais.

Roussin. – À quoi ?

Lacave. – Eh bien, je me demandais pourquoi l'assassin a caché une boule de pétanque dans l'éponge, plutôt qu'un autre objet aussi lourd ?

Roussin. – Eh bien, inspecteur Lacave, la réponse est simple. À quoi sert une boule de pétanque ?

Médecin. – À jouer à la pétanque…

Roussin. – Ne soufflez pas, docteur ! Lacave, je vous écoute ?

Lacave. – À jouer à la pétanque, chef.

Roussin. – Et où joue-t-on à la pétanque ?

Lacave. – Dans le Midi, chef.

Roussin. – Exact ! Donc ?

Lacave. – Oui, chef.

Roussin. – Quoi, oui ?

Lacave. – Oui donc, chef.

ROUSSIN. – Donc, l'assassin est un méridional ! Vous êtes con ou quoi ?

LACAVE. – Plutôt « ou quoi », chef.

MÉDECIN. – Permettez, commissaire… Je suis natif du Midi et je ne permets pas…

ROUSSIN. – Rien ne m'arrêtera pour faire éclater la vérité !!! La justice triomphera, car je ferai tout pour qu'elle triomphe !

MÉDECIN. – Méfiez-vous, commissaire : « la haine change la face de la justice » !

ROUSSIN. – Alors j'agirai de profil. Au fait, docteur, vous habitez bien au-dessus ?

MÉDECIN. – Oui, juste au-dessus.

ROUSSIN. – Et que faisiez-vous hier soir à 22 h 37 ?

MÉDECIN. – À cette heure-là je devais éternuer.

ROUSSIN. – Pourquoi à cette heure-là ?

MÉDECIN. – Parce que j'ai commencé à éternuer à 22 heures, et ce jusqu'à 23 heures.

ROUSSIN. – Vous avez un témoin ?

MÉDECIN. – Oui, commissaire, ma femme.

ROUSSIN. – Votre femme était encore éveillée à 23 heures ?

MÉDECIN. – Oui, commissaire, elle regardait « Midi magazine ».

ROUSSIN. – À 23 heures ?

MÉDECIN. – Oui, ma télé est déréglée.

ROUSSIN. – Et vous n'avez rien entendu d'anormal ?

MÉDECIN. – Absolument rien.

ROUSSIN. – Résumons-nous. Le meurtre a eu lieu à 22 h 37 et à 23 heures, soit vingt-trois minutes plus tard, le concierge découvrait le corps.

LACAVE. – C'est tout à fait exact, chef.

ROUSSIN. – Le concierge vous a-t-il dit dans quelles circonstances il a découvert la victime ?

LACAVE. – Non, chef.

ROUSSIN. – Alors, envoyez-moi le concierge et débarrassez-moi du corps.

LACAVE. – Tout de suite, chef.

MÉDECIN. – Bon, eh bien moi je vous laisse. Au revoir, commissaire, et bonne chance.

ROUSSIN. – Dites-moi, docteur, vous connaissiez la victime ?

MÉDECIN. – Non, pas du tout. D'ailleurs, ici, à part le concierge que je rencontre le jour des étrennes, je ne connais personne.

ROUSSIN. – Tant pis. Au revoir, docteur.

MÉDECIN. – Au revoir.

Le médecin sort de la chambre, pendant que l'inspecteur et l'agent sortent de la salle de bains en portant le corps de la victime enveloppé dans un drap.

LACAVE. – Chaud devant ! (*Les deux hommes et leur paquet se dirigent vers la porte donnant sur le vestibule. Cette porte s'ouvre. Un homme entre. Voulant éviter le nouvel arrivant, l'inspecteur et l'agent font un pas de côté, heurtant le mur avec la tête de la victime.*) Ça a la tête dure, ça, madame !

Ils sortent en croisant Salingue.

23

Scène 5

SALINGUE. – Je voudrais parler au commissaire Roussin.

ROUSSIN. – C'est moi. Je vous écoute.

SALINGUE. – Eh bien, voilà, commissaire. Je viens d'apprendre par le concierge que le locataire de cet appartement était mort, et…

ROUSSIN. – Qui êtes-vous, monsieur ?

SALINGUE. – Je m'appelle Salingue. Félicien Salingue.

ROUSSIN. – Vous connaissiez la victime ?

SALINGUE. – Pas du tout.

ROUSSIN. – Parfait. Parlez-moi d'elle.

SALINGUE. – Eh bien, je ne la voyais presque jamais.

ROUSSIN. – Et ça se produisait souvent ?

SALINGUE. – À chaque fois que je rentrais.

ROUSSIN. – Vous habitez l'immeuble ?

SALINGUE. – Oui, commissaire. Au second. La porte de droite en sortant de l'ascenseur.

ROUSSIN. – Pourquoi me dites-vous tout ça ? Je ne vous ai rien demandé.

SALINGUE. – Excusez-moi, je croyais…

ROUSSIN. – C'est ce qui arrive aux chrétiens recyclés…

SALINGUE. – S'il vous plaît ?

ROUSSIN. – Rien. Vous rentrez tard ?

SALINGUE. – Environ dix minutes après mon travail. Je travaille juste en face… *(Il se dirige vers la porte-fenêtre, suivi du commissaire.)* Vous voyez, mon nom est écrit à hauteur du troisième.

ROUSSIN. – Broquille et Salingue immobilier ? Vous êtes dans l'immobilier ?

SALINGUE. – Oui, monsieur le commissaire.

ROUSSIN. – Eh bien, pour l'instant, il a son dossier sur les genoux.

SALINGUE. – Quel dossier ?

ROUSSIN. – Et on peut dire qu'il le compulse sérieusement.

Salingue s'approche de la fenêtre.

SALINGUE. – Le salaud !

ROUSSIN. – C'est sa secrétaire ?

SALINGUE. – Non, c'est la mienne.

ROUSSIN. – C'est pas grave, vous êtes associés.

SALINGUE. – Oui, mais c'est ma femme !

ROUSSIN. – Alors donnez-lui ses huit jours et remplacez-la par la femme de votre associé.

SALINGUE. – Il n'est pas marié.

ROUSSIN. – Dans ce cas, divorcez et épousez votre associé. De cette façon, par la suite, c'est vous qui serez sur ses genoux.

SALINGUE. – Hein ?!

ROUSSIN. – Excusez-moi. Je cherchais vainement un faux-fuyant. Mais tout ça n'explique pas votre présence ici. Où allez-vous ?

Salingue. – Je vais corriger ce salaud !

Roussin. – Expliquez-moi d'abord ce que vous êtes venu faire.

Salingue. – Eh bien, je suis le syndic de cet immeuble et le propriétaire de cet appartement m'a chargé de vous demander quand il pourrait le faire visiter à d'éventuels intéressés.

Roussin. – Quel est le nom du propriétaire ?

Salingue. – Le duc de Mornifle.

Roussin, *jetant un œil par la fenêtre.* – Qui est Broquille ?

Salingue. – Mon associé.

Roussin. – Pourquoi n'est-il pas venu avec vous ?

Salingue. – Il avait un dossier à étudier. Un dossier très important.

Roussin. – Dites-lui de venir me voir. *(Il retourne à la fenêtre.)*

Salingue. – Vous n'avez plus besoin de moi ?

Roussin. – Non. Dépêchez-vous, votre associé a étalé votre dossier sur le bureau.

Salingue sort précipitamment, bousculant au passage l'inspecteur Lacave qui entrait.

Scène 6

Lacave. – Commissaire, j'ai trouvé le concierge !

Roussin. – Où était-il ?

Lacave. – Dans l'escalier. Il se faisait des œufs au bacon.

Roussin. – Dans l'escalier ?

Lacave. – Enfin, plus exactement sur le palier du troisième.

Roussin. – C'est plus logique. Faites-le entrer.

Lacave, *se penchant vers le vestibule.* – Monsieur Lebaveu ?

Entrée du concierge, portant une poêle à frire à la main.

Lebaveu. – Bonjour.

Roussin. – Alors comme ça vous faites frire des œufs au bacon sur le palier ? C'est la première fois que je vois ça !

Lebaveu. – C'est normal. Vous n'habitez pas dans l'immeuble.

Roussin. – Avouez que c'est quand même bizarre.

Lebaveu. – C'est peut-être bizarre, mais je n'ai jamais vu de panneau interdisant de faire frire des œufs au bacon sur un palier !

Roussin. – Mais est-ce que vous vous rendez compte de ce que ça donnerait si tous les locataires de cet immeuble faisaient leur cuisine sur le palier ?

Lebaveu. – Les locataires c'est différent, ils ont un appartement.

Roussin. – Et vous, vous avez une loge.

Lebaveu. – Je n'en ai plus.

Roussin. – Vous n'en avez plus ?

Lebaveu. – Non, je l'ai louée.

Roussin. – À qui ?

Lebaveu. – À un couple.

Roussin. – Le mari et la femme ?

Lebaveu. – Non, le frère et la sœur, certainement.

ROUSSIN. – Comment le savez-vous ?

LEBAVEU. – C'est sa sœur qui me l'a dit.

ROUSSIN. – La sœur de qui ?

LEBAVEU. – De son frère.

ROUSSIN. – Et lui, il ne vous a rien dit ?

LEBAVEU. – Si.

ROUSSIN. – Qu'a-t-il dit ?

LEBAVEU. – La même chose que sa sœur avait dit en parlant de lui, mais lui me l'a dit en me parlant d'elle.

ROUSSIN. – Vous pouvez nous redire ça ?

LEBAVEU. – Vous n'avez qu'à écouter.

ROUSSIN. – Comment s'appellent-ils ?

LEBAVEU. – Paddock. William et Dorothy Paddock.

ROUSSIN, *notant sur un calepin.* – Dorothy ?

LEBAVEU. – Oui, comme tambour, avec un « x ».

ROUSSIN. – Revenons à la victime. Vous avez dit à l'inspecteur Lacave que vous aviez découvert le corps à 11 heures du soir ?

LEBAVEU. – Oui, je l'ai dit et je ne répéterai pas deux fois !

ROUSSIN. – Vous êtes donc entré dans l'appartement quelques minutes avant 23 heures ?

LEBAVEU. – Évidemment, sinon je n'aurais jamais su que le lavabo était occupé.

ROUSSIN. – Et pourquoi êtes-vous entré dans cet appartement ?

LEBAVEU. – Parce que la porte était ouverte et que ça m'a semblé bizarre.

LACAVE. – Que faisiez-vous dans les escaliers à 23 heures, monsieur Lebaveu?

LEBAVEU. – Tiens, vous êtes encore là, vous?

LACAVE. – Tâchez d'être poli!

ROUSSIN. – Ça suffit, Lacave!

LEBAVEU. – Bien fait!

ROUSSIN. – Monsieur Lebaveu, veuillez répondre à la question de l'inspecteur.

LEBAVEU. – Quelle question?

ROUSSIN. – Que faisiez-vous dans les escaliers à 11 heures du soir?

LEBAVEU. – Je faisais les cent marches.

ROUSSIN. – Vous faisiez quoi?

LEBAVEU. – Les cent marches.

LACAVE. – Vous faisiez les cent marches?

LEBAVEU. – Il y a de l'écho ici ou quoi?

ROUSSIN. – Mais qu'entendez-vous par là?

LEBAVEU. – Par là, j'entends rien.

ROUSSIN. – Alors changeons de place. *(L'un prend la place de l'autre.)* Maintenant, dites-moi ce que veut dire « faire les cent marches »? Je connaissais l'expression « faire les cent pas » mais faire les cent marches…

LEBAVEU. – Eh bien, faire les cent marches c'est la même chose que faire les cent pas, sauf que ça se fait dans un escalier au lieu de le faire sur un terrain plat.

Roussin. – Je vois.

Lebaveu. – Eh bien, ça prouve que vous avez de bons yeux.

Roussin. – Bon! Alors dites-moi maintenant pourquoi vous faisiez les cent marches?

Lebaveu. – Parce que je n'arrivais pas à dormir.

Roussin. – Vous faites souvent les cent marches?

Lebaveu. – À chaque fois que je fais de l'insomnie.

Lacave. – Mais comment se fait-il que vous faisiez les cent marches au troisième étage?

Lebaveu. – Je ne les faisais pas forcément au troisième! C'est le troisième étage qui faisait partie de mes cent marches, voilà! Il n'y a pas de quoi en faire un drame!

Lacave. – Tout ça n'est pas très clair.

Lebaveu. – Mettez-vous dans la lumière.

Roussin. – L'inspecteur Lacave a raison, M. Lebaveu! Et je répète ma question : pourquoi le troisième étage faisait-il partie de vos cent marches?!

Lebaveu. – Parce que pour accéder d'un étage à l'autre, il faut monter trente marches. Donc, pour arriver au troisième, il faut en monter trois fois plus : $3 \times 30 = 90$. Voilà, c'est tout!

Roussin. – Il manque dix marches.

Lebaveu. – C'est exact, il manque dix marches : celles qui entament la montée vers le quatrième, et pour monter ces dix marches je passe forcément devant la porte de cet appartement.

Lacave. – Je vous ferais remarquer que vous ne faites pas les cent marches d'une façon continue, il y a trois paliers.

Lebaveu. – Oui, et alors ? Ça vous gêne ?

Roussin. – C'est donc en attaquant les dix dernières marches que vous vous êtes aperçu que la porte était ouverte ?

Lebaveu. – Voilà.

Roussin. – Quelle a été votre réaction ?

Lebaveu. – Eh bien, j'ai été frappé…

Lacave. – Qui vous a frappé ?

Lebaveu. – Personne ne m'a frappé ! C'est vous qui êtes frappé !

Lacave. – Quoi ?!

Roussin. – Laissez-le parler, Lacave. Donc vous avez frappé à la porte ?

Lebaveu. – Non, j'ai été frappé d'étonnement.

Roussin. – Ah bon ! Et ensuite ?

Lebaveu. – Ensuite j'ai frappé à la porte.

Roussin. – Et que s'est-il passé ?

Lebaveu. – J'ai entendu du bruit.

Roussin. – Quel genre de bruit ?

Lebaveu. – Le bruit d'un robinet qu'on arrête.

Roussin. – Et ensuite ?

Lebaveu. – Ensuite, j'ai appelé M. Loupigne. Il ne m'a pas répondu.

Roussin. – Qui est M. Loupigne ?

Lebaveu. – Mais c'est la victime !

Roussin. – Lacave…

Lacave. – Oui, commissaire ?

Roussin. – Vous saviez que la victime s'appelait Loupigne ?

Lacave. – Oui, commissaire.

Roussin. – Pourquoi ne me l'avez-vous pas dit ?

Lacave. – Vous ne me l'avez pas demandé, commissaire.

Roussin. – C'est pas vrai ! Je rêve !

Lebaveu. – Moi, à votre place, je lui filerais quinze jours de mise à pied !

Roussin. – Vous, on ne vous a rien demandé !

Lebaveu. – Excusez-moi, je suis un instinctif.

Roussin. – Bon, continuez votre récit.

Lebaveu. – À quel moment j'en étais ?

Lacave, *consultant son calepin.* – « … il ne m'a pas répondu. »

Roussin. – Qui ça ?

Lacave. – M. Loupigne.

Roussin. – Pourquoi vous l'avez appelé ?

Lacave. – Pas moi, chef, lui.

Roussin. – Alors pourquoi voulez-vous qu'il vous réponde, si c'est lui qui l'appelle ?

Lacave. – De toute façon, il ne pouvait pas répondre, puisqu'il était mort.

ROUSSIN. – C'est juste. Reprenez, monsieur Lebaveu.

LEBAVEU. – Donc, j'ai appelé M. Loupigne et il ne m'a pas répondu.

ROUSSIN. – Ça on le savait déjà. Enchaînez.

LEBAVEU. – Alors, je suis entré dans le vestibule...

ROUSSIN. – L'appartement était-il éclairé?

LEBAVEU. – Oui.

ROUSSIN. – Continuez.

LEBAVEU. – La porte du living était fermée, mais celle de la chambre...

ROUSSIN. – ... était ouverte.

LEBAVEU. – Comment le savez-vous?

ROUSSIN. – L'instinct.

LEBAVEU. – Ah... Vous aussi?

ROUSSIN. – Continuez. Vous êtes donc entré dans la chambre?

LEBAVEU. – Pas tout de suite.

ROUSSIN. – Pourquoi?

LEBAVEU. – Eh bien, j'ai eu l'impression qu'il y avait quelqu'un derrière la porte.

LACAVE. – Et vous avez eu peur?

LEBAVEU. – Oui, j'ai eu peur! Parfaitement, j'ai eu peur! Il m'agace celui-là! Oui, j'ai eu peur! Là!!!

ROUSSIN. – La suite.

LEBAVEU. – Oui… J'ai écouté un petit moment en retenant ma respiration.

ROUSSIN. – Et alors ?

LEBAVEU. – Et alors, comme j'étouffais à force de retenir ma respiration, je suis ressorti prendre l'air sur le palier.

ROUSSIN. – Et arrivé là, qu'avez-vous fait ?

LEBAVEU. – J'ai repris mon souffle et je suis rentré à toute vitesse directement dans ma chambre, je me suis pris le pied dans un meuble et je suis tombé !

ROUSSIN. – C'est un détail. Ensuite ?

LEBAVEU. – Merci pour le détail, mais sachez que si je suis tombé, c'est parce que la lumière était éteinte !

ROUSSIN. – Ce qui laisse supposer que quelqu'un l'avait éteinte quand vous êtes ressorti sur le palier.

LEBAVEU. – C'est possible.

ROUSSIN. – Alors, qu'avez-vous fait ?

LEBAVEU. – J'ai écouté mon courage, je suis entré dans le noir, j'ai allumé, et d'un regard circulaire j'ai embrassé la chambre.

LACAVE. – C'est extrait de votre dernier livre ?

LEBAVEU. – Si ce que je dis ne vous plaît pas, allez régler la circulation !

ROUSSIN. – Bon, vous avez embrassé la chambre. Et ensuite ?

LEBAVEU. – Eh bien, j'ai entendu comme un bruit d'eau venant de la salle de bains qui était éclairée.

Roussin. – La salle de bains était éclairée ?

Lebaveu. – Oui.

Roussin. – Bizarre… Continuez.

Lebaveu. – Je suis allé dans la salle de bains et j'ai découvert l'aviateur qui trempait.

Lacave. – C'est pas un aviateur, c'est un marin.

Lebaveu. – Non, c'est un aviateur.

Lacave. – Non, c'est un marin.

Lebaveu. – Un aviateur !

Lacave. – Un marin ! L'homme qu'on a trouvé mort dans le lavabo était un marin !

Lebaveu. – Peut-être qu'il s'habillait en marin pour faire sa toilette ?

Roussin. – Qu'est-ce qui vous fait dire que c'était un aviateur ?

Lebaveu. – Personne ne me le fait dire, je le dis tout seul.

Roussin. – C'est pas une réponse.

Lebaveu. – Désolé qu'elle ne vous plaise pas, mais c'est tout ce que j'ai pour l'instant !

À cet instant, on frappe à la porte.

Roussin. – Entrez !

Entrée d'un monsieur d'un certain âge et bien mis.

Scène 7

Roussin. – Qui êtes-vous ? Que voulez-vous ? D'où venez-vous et pourquoi ?

Le duc. – M. Salingue m'a dit que vous vouliez me voir.

Roussin. – Salingue ?

Le duc. – Salingue, de l'agence immobilière Broquille et Salingue.

Roussin. – Ah !

Lacave. – Vous vous êtes fait mal, commissaire ?

Roussin. – Non, j'ai dit « Ah » dans le sens de « Ah ! c'est vrai ! »

Lacave. – Ah !

Roussin. – Quoi « Ah » ?

Lacave. – « Ah » dans le sens de « Ah bon, commissaire ! »

Roussin. – Bien.

Lebaveu. – Vous avez encore besoin de moi ?

Roussin. – Pour l'instant, non.

Lebaveu. – Je peux retourner dans l'escalier ?

Roussin. – Dans l'escalier ? Pour quoi faire ?

Lebaveu. – Pour déjeuner, pardi !

Roussin. – D'accord, et bon appétit !

Lebaveu. – Merci. Au revoir, monsieur le duc.

Le duc. – Au revoir, Lebaveu.

Lebaveu, *désignant discrètement Lacave.* – Méfiez-vous de celui-là, c'est un caractériel. *(Il sort.)*

Scène 8

Lacave. – Quel est votre nom, monsieur ?

Le duc. – Le duc de Mornifle.

Roussin. – Très honoré, monsieur le duc. Je suis le commissaire Roussin de la police judiciaire. Et voici l'inspecteur Lacave.

Lacave, *s'inclinant.* – J'ai sonné tout à l'heure, monsieur le duc.

Le duc. – À quelle heure ?

Lacave. – Juste avant que ma montre s'arrête.

Le duc. – C'est curieux, je n'ai rien entendu...

Lacave. – J'ai pourtant sonné longtemps.

Le duc. – À quel étage avez-vous sonné ?

Lacave. – Au quatrième, à la porte où il y a une plaque en cuivre gravée à votre nom.

Le duc. – Il fallait sonner à l'étage du dessous.

Lacave. – Ah ! vous habitez au troisième ?

Le duc. – Non, au quatrième, mais en appuyant sur la sonnette de la porte de droite au troisième, vous faites résonner la sonnette de la porte du centre du quatrième, ce qui me permet de vous ouvrir la porte du troisième à gauche.

ROUSSIN. – C'est très logique.

LE DUC. – N'est-ce pas?

LACAVE. – Les étages communiquent entre eux?

LE DUC. – Oui, c'est un duplex.

LACAVE. – Je serais curieux de connaître l'électricien qui vous a installé ce système…

LE DUC. – C'est moi.

ROUSSIN. – Vous êtes bricoleur à vos heures perdues?

LE DUC. – Oui. Mais remarquez que je n'ai aucun mérite, tout était expliqué dans une revue spécialisée.

LACAVE. – Alors il devait manquer une page.

ROUSSIN. – Bien. Ceci étant dit, parlons un peu de votre locataire assassiné.

LE DUC. – Ah oui! Le pauvre aviateur…

ROUSSIN. – Vous voulez dire le marin?

LE DUC. – Non, l'aviateur. Vous parlez bien de mon locataire? Celui qui habitait cet appartement?

ROUSSIN. – C'est ça, le marin que nous avons trouvé dans le lavabo.

LE DUC. – Mais il n'y a jamais eu de marin dans cet immeuble!

ROUSSIN. – Vous êtes sûr?

LE DUC. – Certain.

Roussin. – Alors pourquoi a-t-on trouvé un marin noyé ?

Le duc. – Sans doute parce qu'il est plus logique de se noyer quand on est marin.

Lacave. – Permettez-moi de vous faire remarquer, monsieur le duc, que parmi les gens qui se noient, beaucoup ne sont pas des marins.

Le duc. – C'est exact, mais je ne vois pas pourquoi ce serait des aviateurs.

Roussin. – Vous connaissiez la victime ?

Le duc. – Pas très bien. Je ne voyais M. Loupigne qu'en fin de mois, lorsqu'il m'apportait l'argent de son loyer.

Roussin. – Et qu'est-ce qui vous pousse à affirmer que M. Loupigne était aviateur ?

Le duc. – L'uniforme, commissaire, l'uniforme !

Roussin. – Il avait un uniforme ? Quel uniforme ?

Le duc. – Eh bien, il portait l'uniforme de commandant de l'air.

Roussin. – Commandant ?

Lacave. – Et il est mort en matelot. Quelle mort dégradante !

Roussin. – Lacave ! Je vous prierais de garder pour vous ce genre de réflexion ! Sinon, je me verrai obligé d'en référer au ministère de la Marine !

Le duc. – Avez-vous encore besoin de moi, commissaire ?

Roussin. – Non, monsieur le duc. Je vous remercie. Si j'avais besoin…

Le duc. – Vous pouvez compter sur ma collaboration, monsieur le commissaire.

Roussin. – J'y compte bien, monsieur le duc.

Le duc. – Au revoir, messieurs. *(Il sort.)*

Scène 9

Roussin. – Tout ça n'est pas très clair… Pourquoi un commandant de l'air se retrouve-t-il mort habillé en marin ?

Lacave. – L'assassin avait peut-être besoin de son costume ?

Roussin. – Pourquoi aurait-il eu besoin du costume de sa victime ?

Lacave. – Peut-être pour ressortir de l'immeuble…

Roussin. – Et se faire passer pour la victime ! Mais oui ! Il est entré dans l'immeuble habillé en marin, il a assassiné le commandant, et son forfait accompli, il a échangé son costume contre l'uniforme de la victime ! Voilà ! Bravo Lacave !

Lacave. – Oh ! c'est vraiment très peu de chose, commissaire !

Roussin. – Il faudrait demander au concierge s'il a vu entrer un marin et sortir un aviateur, le soir du crime.

Lacave. – Je m'en occupe, chef.

Roussin. – D'accord. Au fait, Lacave…

Lacave. – Oui, commissaire ?

Roussin. – Avez-vous interrogé les locataires ?

LACAVE. – La plupart sont absents, mais j'ai trouvé une locataire qui connaissait la victime.

ROUSSIN. – Eh bien, qu'est-ce que vous attendez? Faites-la entrer!

LACAVE. – Tout de suite, chef. *(Il va ouvrir la porte du salon.)* Mademoiselle Paddock, s'il vous plaît.

Entrée de Mlle Paddock. C'est une femme assez jolie, vêtue simplement, mais avec un goût certain.

SCÈNE 10

ROUSSIN. – Entrez, mademoiselle. Asseyez-vous. *(Il aperçoit Lacave figé, dévorant des yeux Mlle Paddock.)* Lacave! Qu'est-ce que vous attendez?

LACAVE. – Rien, chef!

ROUSSIN. – Allez interroger le concierge!

LACAVE. – J'y cours, chef!

Il s'élance vers la sortie et se prend les pieds dans ceux d'une chaise. Il sort en perte d'équilibre.

ROUSSIN. – Et ça a pris des cours d'expression corporelle… Enfin… Vous vous appelez Dorothy?

DOROTHY. – Oui, monsieur le commissaire. Dorothy Paddock.

ROUSSIN, *notant sur son calepin*. – Dorothy… avec un « d »?

DOROTHY. – Oui, commissaire, avec un « d », comme dans « à coudre ».

Roussin. – Pardon ?

Dorothy. – C'est une boutade, commissaire.

Roussin. – Mademoiselle Paddock, vous avez dit à l'inspecteur Lacave que vous connaissiez la victime.

Dorothy. – C'est exact. Nous avons fait la connaissance de M. Loupigne au cours d'un tournoi de Scrabble. Puis nous nous sommes revus plusieurs fois. M. Loupigne venait très souvent nous rendre visite dans notre loge.

Roussin. – Vous êtes franc-maçon ?

Dorothy. – Non, je parle de la loge de concierge que nous habitons, mon frère et moi.

Roussin. – Ah ! c'est vrai ! Le concierge m'a dit qu'il vous avait loué sa loge. M. Loupigne venait donc dans votre loge ?

Dorothy. – Oui, commissaire.

Roussin. – Il venait en uniforme ?

Dorothy. – En quoi ?

Roussin. – En uniforme. M. Loupigne était commandant dans l'armée de l'air.

Dorothy. – Ah ? Il était commandant ?

Roussin. – Vous ne le saviez pas ?

Dorothy. – Non, commissaire. Quand nous le rencontrions, il était en civil, coiffé d'un béret basque.

Roussin. – Et sous le bras, il n'avait pas une baguette de pain ?

Dorothy. – Non, un paquet de biscottes.

ROUSSIN. – De quoi parliez-vous avec M. Loupigne ?

DOROTHY. – De peinture. Mon frère et lui parlaient de longues heures ensemble de peinture. Ils en parlaient avec passion.

ROUSSIN. – Votre frère est peintre ?

DOROTHY. – Heu… non, enfin… il est peintre amateur.

ROUSSIN. – Quelle est sa profession ?

DOROTHY. – Il est… représentant.

ROUSSIN. – Représentant en quoi ?

DOROTHY. – En postiches.

ROUSSIN. – Il vend des moumoutes ?

DOROTHY. – Il fait des postiches dans le genre faux cheveux et les postiches en général.

ROUSSIN. – Les postiches en général ?

DOROTHY. – Oui, les talents postiches, l'élégance postiche, le candidat postiche…

ROUSSIN. – Ah ! comme c'est curieux… Et ça marche ?

DOROTHY. – Monsieur le commissaire, nous vivons une époque postiche, alors comment voulez-vous que ça ne marche pas ?

ROUSSIN. – Il n'y a pas de morte-saison ?

DOROTHY. – Eh bien, je touche du bois, mais ça fait des années que ça dure et jamais il n'y a eu de ralentissement.

ROUSSIN. – Hum… Et vous, que faites-vous ?

DOROTHY. – Rien pour l'instant. Alors en attendant de trouver du travail, je vis chez mon frère.

À cet instant, on frappe à la porte du salon.

ROUSSIN. – Entrez !

La porte s'ouvre sur un vieux scout portant une barbe.

Scène II

ROUSSIN. – Qui êtes-vous ? D'où venez-vous ? Répondez !

SCOUT. – Je cherchais le concierge…

ROUSSIN. – Que lui voulez-vous ?

SCOUT. – Eh bien, c'est l'heure de ma promenade digestive, et tous les jours à cette heure, c'est lui qui me fait traverser la rue.

ROUSSIN. – Je suis désolé, mais il n'est pas là. Il doit être dans l'escalier.

SCOUT. – J'ai cherché, mais je ne l'ai pas trouvé.

Entrée de Lacave.

LACAVE. – Il est introuvable, chef !

ROUSSIN. – Qui ça ?

LACAVE. – Le concierge. J'ai trouvé ce panneau accroché au bas de l'escalier.

ROUSSIN. – Faites voir. *(Il lit la pancarte que lui tend Lacave.)* « Le concierge est dans les laitages. » Qu'est-ce que ça veut dire ?

SCOUT. – Je peux partir ?

Roussin. – Une seconde! Vous allez d'abord répondre à mes questions, à savoir : Qui êtes-vous? D'où venez-vous? Que voulez-vous?

Scout. – Je suis M. Wolf. Mon nom de totem est Petit Loup Futé, j'habite au deuxième étage de cet immeuble, porte de gauche en sortant de l'ascenseur quand il marche, et je voudrais qu'on me fasse traverser la rue.

Roussin. – Connaissez-vous la victime?

Scout. – Quelle victime?

Roussin. – Le commandant Loupigne.

Scout. – Qui est le commandant Loupigne?

Roussin. – L'aviateur qui habitait cet appartement.

Scout. – C'était un aviateur?

Roussin. – Oui, c'était un aviateur, et il est mort en marin.

Scout. – Désolé, mais je ne connaissais ni l'un, ni l'autre. Puis-je m'en aller?

Roussin. – Oui, mais je vous reverrai.

Scout. – Ce sera avec plaisir. *(Désignant Lacave.)* Est-ce que ce monsieur pourrait m'aider à traverser?

Roussin. – Désolé, j'ai besoin de lui.

Scout. – Pour traverser?

Roussin. – Non, pour l'enquête.

Scout. – Eh bien, tant pis, mais quand même, ça m'ennuie d'être privé de sortie.

Roussin. – Mademoiselle Paddock, pouvez-vous lui faire traverser la rue ?

Dorothy. – Mais certainement. Venez, monsieur Wolf...

Scout. – Non, « Loup Futé ».

Dorothy. – Excusez-moi.

Ils se dirigent vers la porte.

Roussin. – Quand pourrai-je voir votre frère ?

Dorothy. – Heu... eh bien... dès son retour, je lui ferai part de votre désir de le rencontrer.

Roussin. – Je vous en remercie.

Dorothy et le scout sortent.

Scène 12

Roussin, *relisant la pancarte laissée par le concierge.* – « Le concierge est dans les laitages. » Pourquoi « laitages » ?

Lacave. – Il ne sait peut-être pas écrire « étages ».

Roussin. – Est-ce qu'il y est ?

Lacave. – Où ça ?

Roussin. – Dans les étages.

Lacave. – Non, chef.

Roussin. – Donc il n'a pas voulu dire qu'il y était. C'est qu'il a voulu dire qu'il était ailleurs, mais où ailleurs ? Là est la question...

LACAVE. – Comme disait Shakespeare.

ROUSSIN. – Oui, mais ça suivait « être ou ne pas être » et non pas « ailleurs ». Or nous savons qui nous sommes, mais nous ignorons où il est « ailleurs ». Par conséquent, je vous dispense de vos citations déplacées !

LACAVE. – Ça m'a échappé, chef.

ROUSSIN. – Tout est curieux dans cette affaire : cette pancarte, le concierge, le scout, Dorothy…

LACAVE. – … et le mort.

ROUSSIN. – C'est exact. A-t-on idée de se faire noyer dans un lavabo, Lacave ?!

LACAVE. – Oui, chef ?

ROUSSIN. – Nous allons procéder à une reconstitution. Allez me chercher l'inspecteur Lenvapé.

LACAVE. – J'y vais de suite, chef.

Il sort rapidement.
Noir total sur la sortie de Lacave.
Puis on entend une voix off : « Le temps a passé et la nuit en a profité pour tomber. »
Après cette phrase, la lumière revient sur la scène et nous retrouvons le commissaire Roussin, seul, marchant de long en large visiblement énervé. Il a quitté sa veste et son imper. Il est en bras de chemise.

SCÈNE 13

ROUSSIN. – Qui était cet aviateur ? Qui était-il réellement ? Pourquoi l'a-t-on tué ? On n'assassine pas un aviateur comme ça pour rien… Ou alors par inadvertance ou par erreur… Par erreur ! Oui, mais pourquoi l'aurait-on tué par erreur ? *(Le téléphone sonne. Le commissaire se dirige vers l'appareil, il décroche.)* Allô !… Allô !… *(À ce moment, la lumière de la chambre s'éteint.)* Ah ! il ne manquait plus que ça !… Allô !… Allô !… *(Roussin, qui a le dos tourné à la porte d'entrée de la chambre, ne voit pas celle-ci s'entrouvrir lentement.)* Allô ! Qui est à l'appareil ? *(La porte s'est refermée. Une ombre s'est glissée derrière le commissaire.)* Qui est là ?… C'est vous ? Ne faites pas l'andouille ! Allumez !… Aïe !… Salaud…

> *Bruit de chute d'un corps, suivi d'un bruit de pas se dirigeant vers la salle de bains. Soudain, la porte du salon s'ouvre. Un rayon de lumière entre dans la chambre à coucher et la silhouette de Lacave paraît dans l'encadrement de la porte, avec à ses côtés l'inspecteur Lenvapé.*

LACAVE. – Commissaire, nous… Tiens ?… Commissaire ?!

LENVAPÉ. – Commissaire !

LACAVE. – C'est pas la peine de répéter ce que je viens de dire. *(Lacave allume la chambre et entre, suivi de son collègue.)* Chef ?… Où êtes-vous ? *(Il trébuche sur le corps de Roussin étendu par terre.)* Merde !… Ah ! vous êtes là ! *(Une plainte lui répond.)* Chef, que se passe-t-il ? Vous êtes blessé ? Lenvapé, va me chercher de l'eau fraîche, vite !

> *Lenvapé se dirige vers la salle de bains, tandis que Lacave gifle Roussin.*

ROUSSIN, *revenant à lui.* – Le salaud...

LACAVE. – Qui, moi? *(Lenvapé revient avec une serviette mouillée. Lacave s'en empare et pose la serviette sur le crâne de Roussin.)* Vous avez une belle bosse, dis donc! *(Roussin se redresse.)* Que s'est-il passé, chef?

ROUSSIN. – Je téléphonais... la lumière s'est éteinte... et le salaud m'a assommé...

LACAVE. – À qui téléphoniez-vous?

ROUSSIN. – Lacave! L'important n'est pas de savoir à qui je téléphonais, mais plutôt de savoir qui m'a frappé! D'ailleurs, c'est pas moi qui téléphonais, quelqu'un a appelé et je répondais à ce quelqu'un quand on m'a assommé.

LACAVE. – Mais par où est-il entré? Il y a un agent sur chaque palier et, comme il y a sept étages, ça fait sept paliers donc sept agents, plus trois qui font les cent pas dans le couloir des chambres de bonne, ça fait dix, trois sur le toit, deux dans la cave, ça fait quinze, deux devant l'entrée de l'immeuble, un devant la loge du concierge, ça fait dix-huit. Quatre dans chaque cour et comme il y a deux cours, ça fait huit; 8 + 18, ça fait 26. Et pour éviter toute surprise, j'ai placé un car à chaque extrémité de la rue. Ce qui fait dix agents par car, 20 + 26 = 46.

ROUSSIN. – Dites donc, qui est-ce qui garde le commissariat?

LACAVE. – Ma sœur, chef.

ROUSSIN. – La contractuelle?

LACAVE. – Non, la nurse.

ROUSSIN. – Bon, bref, personne n'a rencontré mon agresseur?

LACAVE. – Apparemment non, chef.

Roussin. – Alors, par où est-il sorti ? Hein ? Les paliers, la cave, l'immeuble ? Tout est gardé ! Alors par où ?

Lenvapé, *d'une voix neutre.* – Par la salle de bains.

Roussin. – Qu'est-ce que vous dites ?

Lenvapé. – Je dis : par la salle de bains.

Roussin. – La salle de… Nom de Zeus ! Je n'y avais pas pensé ! Mais oui, par la salle de bains ! Comme le jour du crime !

Lacave. – Il n'a quand même pas sauté du sixième ?

Lenvapé, *d'une voix neutre.* – Qu'est-ce que c'est que ça, chef ? *(Il montre dans sa main quelque chose au commissaire.)*

Roussin. – Ça ? C'est du chanvre. Et alors ?

Lenvapé. – Alors votre agresseur est entré par la porte de la cuisine.

Roussin. – Qu'est-ce qui vous fait dire ça ?

Lenvapé. – J'ai trouvé ces fils de chanvre sur la barre d'appui de la fenêtre de la cuisine.

Roussin. – Lenvapé, vous êtes génial ! Lacave, prenez-en…

Lacave. – Oui, chef. Mais tout ça ne nous dit pas d'où il venait, ni où il est allé après son forfait !

Roussin. – Observation judicieuse, Lacave. Lenvapé, prenez…

Lenvapé. – Je vais en prendre, commissaire. Mais avant, je peux vous dire que l'assassin venait de l'étage du dessous et qu'il est reparti en direction de ce même étage.

Roussin. – Qu'est-ce qui vous fait dire ça, Lenvapé ?

Lenvapé, *sortant de son imper une corde, à l'une extrémité de laquelle se trouve un crochet.* – Ceci, commissaire.

ROUSSIN. – Où avez-vous trouvé ça?

LENVAPÉ. – Dans l'appartement de dessous, caché dans une armoire.

ROUSSIN. – Mais, le locataire?

LENVAPÉ. – Il est absent depuis plusieurs semaines, chef.

ROUSSIN. – Il y a longtemps que vous savez tout ça, Lenvapé?

LENVAPÉ. – Depuis ce matin.

ROUSSIN. – Et pourquoi le dites-vous seulement maintenant?

LENVAPÉ. – Parce qu'entre temps, je cherchais d'où provenait cette corde.

ROUSSIN. – Et alors?

LENVAPÉ. – Et alors cette corde a été achetée chez un marchand de cordes et d'accessoires maritimes de la rue Jean Bart.

ROUSSIN. – Et qui a acheté cette corde?

LENVAPÉ. – Un marin, chef.

ROUSSIN. – Formidable, Lenvapé! Vous êtes formidable!

LACAVE. – Je crois que je vais reprendre un peu de graine…

ROUSSIN. – Le marchand vous a-t-il fait la description de son client?

LENVAPÉ. – Une description assez vague, mais une chose l'a frappé…

ROUSSIN. – Quoi donc?

LENVAPÉ. – La voix de ce marin.

ROUSSIN. – La voix?

Lenvapé. – Oui, la voix. Malheureusement, il a été incapable de me dire ce qu'elle avait de particulier.

Roussin. – Lenvapé, je vous félicite ! Grâce à vous, nous avons fait un grand pas qui nous rapproche du dénouement. Maintenant, il ne nous reste plus qu'à savoir…

Lacave. – … qui est l'assassin ?

Roussin. – Lacave, encore une réflexion de ce genre et vous vous retrouvez à la circulation ! Qu'est-ce que je disais ?

Lenvapé. – Vous disiez que grâce à moi, nous nous rapprochons du dénouement…

Lacave. – On le saura…

Roussin. – Et il ne nous reste plus qu'à découvrir qui a tué, pourquoi il a tué et pourquoi il est revenu ce soir sur les lieux de son crime !

Lenvapé. – À mon avis, et si vous le permettez…

Lacave, *pour lui-même.* – Il commence à m'agacer celui-là.

Roussin. – Je vous écoute, Lenvapé.

Lenvapé. – Eh bien, je pense que l'assassin est revenu chercher ici quelque chose qu'il avait oublié le jour du crime ou qu'il n'avait pas trouvé ce jour-là.

Roussin. – C'est également mon avis, inspecteur. Je crois qu'à nous deux, nous allons rapidement résoudre ce problème.

Lacave, *toujours pour lui-même.* – Ben voyons…

Roussin. – Il s'agit maintenant de revoir tout dans l'ordre, et pour cela nous allons procéder à la reconstitution. Lenvapé, vous allez jouer le rôle de la victime ; Lacave, vous serez l'assassin…

Lacave. – Avec plaisir, chef.

Roussin. – Bon, allons-y ! Lenvapé vous vous apprêtez à prendre votre bain. Commencez à vous déshabiller en prenant la direction de la salle de bains. Dès qu'il sera rentré, Lacave entrera par la porte de la chambre et se dirigera à son tour vers la salle de bains. Là, vous faites mine de l'assommer, vous échangerez vos vêtements et vous chercherez ce que l'assassin cherchait. C'est compris ?

Lenvapé. – C'est compris, commissaire.

Lacave. – Est-ce que je dois mettre Lenvapé dans le lavabo, chef ?

Roussin. – Évidemment ! Nous faisons une reconstitution. Vous savez ce que c'est ?

Lenvapé. – Lacave, enfin…

Lacave. – D'accord, d'accord.

Roussin. – Exécution ! Je vais chronométrer. *(Lacave sort. Lenvapé commence à se déshabiller en allant vers la salle de bains. Lacave entre doucement dans la chambre qu'il traverse sur la pointe des pieds, avant de pénétrer à son tour dans la salle de bains. Un bruit de bagarre se fait entendre, que le commissaire Roussin semble apprécier pleinement.)* Bien, les enfants ! On s'y croirait ! *(Tout à coup, on entend, venant du dehors, une explosion. Roussin se précipite à la fenêtre et Lacave sort de la salle de bains.)* Nom de Zeus !

Lacave. – Que se passe-t-il, chef ?

Roussin. – Ma voiture vient d'exploser !

Lacave. – Ça c'est l'inconvénient des moteurs à explosion…

RIDEAU

FIN DU PREMIER ACTE

ACTE II

SCÈNE I

Lorsque le rideau se lève, le commissaire est assis derrière son bureau.
Debout devant le bureau, l'inspecteur Lacave.

ROUSSIN. – En résumé, nous savons donc que la victime est un aviateur déguisé en marin, qu'il a été noyé dans un lavabo après avoir été assommé à l'aide d'une boule de pétanque cachée dans une éponge.

LACAVE. – C'est exact, chef. Et nous n'avons pas de suspect.

ROUSSIN. – Pour moi, tout le monde est suspect, inspecteur Lacave !

LACAVE. – Même moi, chef ?

ROUSSIN. – Même vous ? Non... Si ! *(L'inspecteur éclate en sanglots.)* Lacave, ne pleurez pas. Si je vous dis que vous êtes suspect, c'est parce que c'est mon rôle de suspecter. Je suis payé pour ça. Il faut que je suspecte tout le monde. Même mes plus fidèles collaborateurs. Un bon policier doit pouvoir soupçonner sa mère, le pape ou le président de la République ! Mouchez-vous, Lacave, et dites-moi si vous avez trouvé quelque chose dans les débris de ma voiture.

Lacave, *après s'être mouché.* – Ceci, chef.

Roussin. – Qu'est-ce que c'est ?

Lacave. – La petite aiguille d'un réveil, chef.

Roussin. – Je n'avais pas de réveil dans ma voiture.

Lacave. – Cette aiguille de réveil n'est pas à proprement parler une aiguille de réveil.

Roussin. – Alors pourquoi dites-vous qu'il s'agit d'une petite aiguille de réveil si ça n'en est pas une ?

Lacave. – Parce que cette aiguille fait partie d'un système d'horlogerie, tout comme les réveils, à cette différence près que le système d'horlogerie dont je vous parle ne donne l'heure qu'une seule fois et de façon bruyante.

Roussin. – Autrement dit ?

Lacave. – Autrement dit, on avait placé une bombe à retardement dans votre voiture avec un système d'horlogerie réglée pour qu'elle explose quand vous seriez au volant.

Roussin. – Et elle a explosé trop tôt.

Lacave. – Et j'en suis fort heureux.

Roussin. – Merci, Lacave.

Lacave. – Oui, sinon j'aurais été bien emmerdé pour aller expliquer à votre femme qu'à cause d'un connard elle était veuve depuis peu de temps.

Roussin. – Lacave, je vous remercie de votre délicatesse.

Lacave. – C'est tout naturel, chef.

ROUSSIN. – En tout cas, l'individu qui m'a assommé a un complice.

LACAVE. – Un complice ?

ROUSSIN. – Oui, celui qui m'a téléphoné pour attirer mon attention, permettant ainsi à l'individu qui m'a assommé d'entrer dans l'appartement, d'éteindre la lumière et de perpétrer son forfait sur ma personne.

LACAVE. – Au fait, vous avez une bosse ?

ROUSSIN. – Bien sûr que j'ai une bosse ! Quelle question !

LACAVE. – Faites voir !

ROUSSIN. – C'est bien parce que c'est vous. Je ne la fais pas voir à tout le monde. Tenez. *(Il baisse la tête).*

LACAVE. – Elle est moins grosse que je le croyais…

ROUSSIN. – Vous êtes déçu ?

LACAVE. – Non, mais…

ROUSSIN. – Mais quoi ?

LACAVE. – Vous avez des fragments d'éponge dans les cheveux.

ROUSSIN. – Quoi ?! Mais alors…

LACAVE. – Exactement, chef. Votre agresseur vous a assommé avec une éponge contenant une boule de pétanque.

ROUSSIN. – Comme pour l'aviateur qu'il a laissé ensuite mariner dans le lavabo… Mariner !

LACAVE. – Mariner ?

ROUSSIN. – Oui, mariner. Voilà pourquoi notre assassin a habillé notre aviateur en marin ! Pour faire un jeu de mots !

LACAVE. – Je ne comprends pas, chef.

ROUSSIN. – Mais si : « mariner »… « marin »… Notre homme habille sa victime en marin pour le laisser tremper… Tremper, donc mariner !

LACAVE. – Oui, mais « mariner » veut dire « tremper dans la saumure », et…

ROUSSIN. – Saumur ! Notre assassin a fait Saumur ! Donc c'est un officier !

LACAVE. – Vous êtes formidable, chef ! Et notre assassin a de l'humour.

ROUSSIN. – Oui, je sais… Mais c'est tout de même curieux…

LACAVE. – Qu'est-ce qui est curieux, chef ?

ROUSSIN. – Vous avez déjà vu un officier avoir de l'humour ?

LACAVE. – Il a peut-être été dégradé ?

ROUSSIN. – Revenons à ma bosse. Pourquoi mon agresseur ne m'a-t-il pas tué ?

LACAVE. – Parce que, revenant sur les lieux de son crime, son but n'était pas de vous tuer, mais de venir prendre quelque chose qu'il a oublié ou pas trouvé le jour du crime.

ROUSSIN. – C'est possible.

LACAVE. – Et puis il n'avait pas besoin de vous tuer dans l'appartement puisqu'il avait placé une bombe dans votre voiture.

ROUSSIN. – C'est juste. Mais en venant dans l'appartement, il risquait d'être vu.

LACAVE. – Il m'avait vu sortir, sans aucun doute.

Roussin. – Donc, il était sur les lieux.

Lacave. – Oui, et de plus il les connaît parfaitement.

Roussin. – Donc l'assassin est un des locataires de l'immeuble.

Lacave. – C'est plus que probable, chef.

Roussin. – Le cercle se progresse et l'enquête resserre, Lacave.

Lacave. – Moi, j'aurais pas dit ça comme ça.

Roussin. – Avez-vous convoqué le concierge comme je vous l'avais demandé ?

Lacave. – Il est là, chef.

Roussin. – Faites-le entrer.

Lacave, *allant ouvrir la porte.* – Monsieur Lebaveu !

Scène 2

Lebaveu, *entrant en mangeant un pot de yaourt.* – Bonjour, monsieur le commissaire.

Roussin. – Bonjour. Asseyez-vous.

Lebaveu, *s'asseyant.* – Je vous écoute.

Roussin. – Non, ici, c'est moi qui écoute !

Lebaveu. – Si vous aussi vous écoutez, il va falloir quelqu'un pour poser les questions.

Lacave. – Soyez poli !

Lebaveu, *ignorant la présence de Lacave.* – Tiens, j'ai entendu une voix.

Roussin. – M. Lebaveu, pouvez-vous m'expliquer ce que signifie cette pancarte que vous avez laissée dans l'escalier ?

Lebaveu. – Quelle pancarte ?

Roussin. – « Le concierge est dans les laitages. »

Lebaveu. – Eh bien, c'est que pour arrondir mes fins de mois, j'ai accepté un petiot emploi chez un crémier du quartier.

Roussin. – Et vous êtes dans les laitages ?

Lebaveu. – C'est ça, et ce yaourt fait partie de la paye.

Roussin. – Vous êtes payé en yaourts ?

Lebaveu. – Oui, j'ai demandé à être payé en liquide.

Roussin. – Ça fait longtemps que vous avez cet emploi ?

Lebaveu. – Depuis hier.

Roussin. – Et vous avez déjà été payé ?

Lebaveu. – Oui, c'est M. Paddock qui a demandé une avance pour moi au crémier.

Roussin. – M. Paddock connaît le crémier ?

Lebaveu. – Oui, c'est d'ailleurs lui qui m'a fait obtenir cette place.

Roussin. – Et sa sœur ? Parlez-moi d'elle.

Lebaveu. – Mlle Dorothy ?… J'ai mal au ventre…

Roussin. – Nous parlerons de votre organisme un autre jour ! Pour l'instant ce qui m'intéresse c'est Dorothy Paddock.

LEBAVEU. – Eh bien, justement, en ce qui concerne Mlle Dorothy et son frère… Qu'est-ce que j'ai mal au ventre !…

ROUSSIN. – Et moi, mal au crâne ! Nous reparlerons de nos malheurs respectifs plus après ! Continuez.

LEBAVEU. – Il se passe quelque chose de bizarre en ce qui les concerne…

ROUSSIN. – Bizarre ?

LEBAVEU. – Jamais je ne les ai vus ensemble. Et j'ai l'impression… Oh là là !

ROUSSIN. – Quoi, « oh là là » ?

LEBAVEU. – Mon ventre…

LACAVE. – Il nous casse les pieds avec son ventre !

ROUSSIN. – Vous avez le sens du non-sens, Lacave. *(À cet instant, le concierge tombe de sa chaise et reste étendu.)* Hé, Lebaveu, il ne faut pas vous laisser aller ! *(Il se lève et se penche sur le concierge. Il lui prend le pouls, puis il pose sa tête sur la poitrine de Lebaveu.)*

LACAVE. – Il est évanoui ?

ROUSSIN. – Il serait plutôt mort.

LACAVE. – Mais comment ?…

ROUSSIN. – En arrêtant de respirer. *(Il se lève avec le pot de yaourt qui était tombé en même temps que le concierge. Il trempe son index dans le pot et le suce. Il fait la grimace.)* Cet homme a été empoisonné.

LACAVE. – Strychnine ?

ROUSSIN. – Strychnine et Coca Cola.

LACAVE. – Oh! c'est horrible!

ROUSSIN. – Oui, les mélanges de ce genre, ça ne pardonne pas. Débarrassez-moi de son corps et faites le nécessaire avec le médecin légiste.

LACAVE. – Oui, chef.

Il emporte le corps hors du bureau. Le téléphone sonne. Roussin décroche.

ROUSSIN. – Allô!... Allô!

VOIX TÉLÉPHONIQUE. – Le yaourt n'est pas toujours bon pour la santé, hein commissaire?

ROUSSIN. – Qui êtes-vous? Qui est à l'appareil?

Lacave revient dans le bureau.

LACAVE. – Voilà, je...

ROUSSIN. – La ferme! Allô!... On a raccroché. *(Il raccroche.)*

LACAVE. – Vous avez des problèmes, chef?

ROUSSIN. – Je n'aime pas qu'on se foute de ma gueule!

LACAVE. – Mais chef...

ROUSSIN. – Ce n'est pas de vous que je parle. Quelqu'un vient de me téléphoner.

LACAVE. – Qui?

ROUSSIN. – Je ne sais pas. Le type m'a simplement dit que le yaourt n'est pas toujours bon pour la santé.

LACAVE. – Comment le sait-il?

ROUSSIN. – Comment le sait-il?! Comment le sait-il?! Lacave! Vous êtes con ou quoi?!

Lacave. – Chef…

Roussin. – Il le sait parce que c'est lui qui a empoisonné le concierge, imbécile !!!

Lacave. – Ça il faut dire qu'il n'était pas très fin.

Roussin. – Qui ça ?

Lacave. – Le concierge.

Roussin. – C'est de vous que je parle ! Crème d'andouille !

Lacave. – Chef…

Roussin. – Chef, chef ! Arrêtez de m'appeler chef !

Lacave. – Oui, Georges.

Roussin. – Je ne m'appelle pas Georges !

Lacave. – Alors je vais vous appeler chef.

Roussin. – Je préfère. Bon, maintenant, à nous deux !

Lacave. – Oui, chef.

Roussin. – Ce n'est pas de vous que je parle, c'est de l'assassin.

Lacave. – Ah bon…

Roussin. – Le concierge allait nous révéler quelque chose de très important. C'est pour ça qu'on l'a tué.

Lacave. – Vous êtes sûr qu'on l'a empoisonné, chef ?

Roussin. – Certain. Je ne connais personne capable de déguster un yaourt à la strychnine sans éprouver un certain malaise. Par contre, je crois connaître l'auteur de ce meurtre.

Lacave. – Vous avez des soupçons ?

Roussin. – Peut-être… Convoquez-moi immédiatement M. et Mme Paddock.

LACAVE. – Il est ici, chef.

ROUSSIN. – Ils sont ici ?

LACAVE. – Non, chef, M. Paddock est ici mais pas sa sœur.

ROUSSIN. – Vous l'aviez convoqué ?

LACAVE. – Non, il est venu de lui-même. Il m'a dit qu'il avait d'importantes révélations à faire.

ROUSSIN. – Faites-le entrer. Pendant que je l'interrogerai, allez jeter un coup d'œil à la crèmerie où travaillait le concierge et posez quelques questions au crémier.

LACAVE. – Bien, chef. *(Il ouvre la porte.)* Monsieur Paddock, s'il vous plaît.

Entrée de William Paddock et sortie de Lacave.

SCÈNE 3

ROUSSIN. – Bonjour, monsieur Paddock. Ravi de vous connaître. Asseyez-vous.

PADDOCK. – Merci, monsieur le commissaire.

ROUSSIN. – Votre sœur n'est pas avec vous ?

PADDOCK. – Non, monsieur le commissaire, elle est partie voir une vieille tante à Louviers.

ROUSSIN. – Quel est le nom de cette vieille tante, monsieur Paddock ?

PADDOCK. – Je vois que la confiance règne, commissaire.

Roussin. – Le nom de cette vieille tante, monsieur Paddock ?

Paddock. – Maxime Lambert, monsieur le commissaire.

Roussin. – Maxime ? Mais vous m'avez dit que c'était une…

Paddock. – C'en est une, commissaire.

Roussin. – Quel est son numéro de téléphone ?

Paddock. – Pi 314 116.

Roussin, *composant le numéro.* – Allô ! Pourrais-je parler à M. Lambert ?

Voix de Lambert. – C'est elle-même.

Roussin. – Commissaire Roussin à l'appareil.

Voix de Lambert. – Bonjour, mon petit poulet.

Roussin. – Je voudrais parler à Mlle Dorothy Paddock.

Voix de Lambert. – Dorothy ?… Heu… je vous la passe.

Roussin. – Merci.

Voix de Dorothy. – Allô !

Roussin. – Allô ! Mademoiselle Paddock ?

Voix de Dorothy. – Oui, c'est moi.

Roussin. – Commissaire Roussin à l'appareil. Mademoiselle Paddock, il est indispensable pour les besoins de l'enquête que je vous rencontre avec votre frère.

Voix de Dorothy. – Mais c'est impossible, monsieur le commissaire, je suis au chevet de Maxime et ne peux pas le quitter.

Roussin. – Qu'est-ce qu'il a ?

Voix de Dorothy. – Je me suis foulé une cheville.

Roussin. – Vous ?

Voix de Dorothy. – Non, pas moi, elle. Enfin je veux dire, lui… moi, non… Oh ! et puis flûte ! Elle m'agace cette policière avec ses questions !

Roussin. – Madame Lambert…

Voix de Dorothy. – Zut ! Zut ! Zut ! Et zut ! *(Elle raccroche.)*

Roussin. – Que fait-elle ce monsieur dans la vie ?

Paddock. – Il est comédien.

Roussin. – Il n'est pas imitateur dans ses moments perdus ?

Paddock. – Je ne sais pas, monsieur le commissaire.

Roussin. – Passons. Vous avez des révélations à me faire, monsieur Paddock ?

Paddock. – C'est exact, monsieur le commissaire.

Roussin. – Avant d'entendre vos révélations, je me dois de vous dire que je sais qui a tué…

Paddock. – … le concierge.

Roussin. – Comment savez-vous que le concierge a été tué ?

Paddock. – Eh bien, d'abord, parce que j'ai vu son corps traîné par votre inspecteur…

Roussin. – Et ensuite ?

Paddock. – Ensuite, eh bien parce que c'est moi qui l'ai empoisonné.

Roussin. – Vous avouez donc ?

Paddock. – Bien sûr.

Roussin. – Dans ce cas, je vous arrête !

Paddock. – C'est moi qui vous arrête, commissaire. On n'arrête pas quelqu'un comme moi.

Roussin. – Allons donc ! Pour moi, monsieur Paddock, vous n'êtes qu'un assassin comme tout le monde !

Paddock. – Monsieur le commissaire, en supprimant M. Lebaveu, je faisais mon travail.

Roussin. – Quoi ?!

Paddock. – Parfaitement ! C'était le but de ma mission.

Roussin. – Votre mission ? Quelle mission ?

Paddock. – Si vous voulez des éclaircissements, téléphonez à ce numéro. *(Il lui tend une carte.)* Vous demanderez M. Poire de la part de Williams.

Roussin. – C'est une plaisanterie ?

Paddock. – Faites ce que je vous dis, commissaire, nous perdons tous les deux un temps précieux.

Roussin prend le téléphone et s'exécute.

Roussin. – Allô ! Je voudrais parler à M. Poire, de la part de Williams… Pardon ?… La phrase ? Quelle phrase ?… *(À Paddock.)* Paddock, il demande la phrase.

Paddock. – Napoléon disait : « On n'est pas des mouches ».

Roussin. – Napoléon a dit ça ?

Paddock. – Ça n'a aucune importance, prononcez cette phrase.

Roussin, *au téléphone.* – Napoléon disait : « On n'est pas des mouches »… Bon, j'attends… Allô ! Monsieur Poire ?… Ici le commissaire Roussin de la police judiciaire. Monsieur, je ne sais pas qui vous êtes, ni la raison de ce coup de fil, mais j'ai dans mon bureau, en face de moi, un dénommé Williams qui se vante d'avoir assassiné… Oui, c'est ça, le concierge… Ah! vous êtes au courant?… Pardon?… Étouffer l'affaire? Mais c'est… Hein? Mais ma réputation… et ma carrière… Comment, justement?… Le ministre de l'Intérieur? Ah bon… Très bien, je m'incline, mais en gardant la tête haute!… Oui, je sais. La France… C'est ça, je connais. J'ai lu tout ça à la communale. Au revoir, monsieur Pomme. *(Il raccroche.)*

PADDOCK. – Poire.

ROUSSIN. – Trop tard, monsieur Paddock. *(Le téléphone sonne. Il décroche.)* Allô!… Oui?… Bonjour, monsieur le préfet… Au revoir, monsieur le préfet. *(Il raccroche.)* C'était le préfet de police.

PADDOCK. – C'est ce qui m'avait semblé.

ROUSSIN. – Eh bien, monsieur Paddock… *(Le téléphone sonne. Il décroche.)* Allô!… Oui?… Mes respects, monsieur le ministre… Oui, monsieur le ministre… Bien sûr, monsieur le ministre… À vos ordres, monsieur le ministre… Au revoir, monsieur le ministre. *(Il raccroche.)*

PADDOCK. – C'était…

ROUSSIN. – Je sais! *(On frappe à la porte.)* Entrez! *(Entrée de l'inspecteur Paturon.)* Qu'est-ce que c'est?

PATURON. – Une lettre urgente.

ROUSSIN. – Donnez. Merci. *(L'inspecteur sort. Roussin décachette l'enveloppe et lit à haute voix des bribes de phrases.)* « Étant donné l'importance… Mission extraordinaire… Impunité totale… Votre collaboration avec les services secrets… Votre carrière… À la circulation… Devoir… Famille… Patrie… Etc. » On dirait que vous êtes protégé, monsieur Paddock. On me demande à moi, policier chevronné, d'étouffer une histoire de crime crapuleux, de fermer les yeux sur bien des choses et de ne pas mettre les pieds n'importe où !

PADDOCK. – Je vois que vous avez compris, commissaire.

ROUSSIN. – J'ai bien envie de donner ma démission.

PADDOCK. – Je ne vous le conseille pas.

ROUSSIN. – Et en plus vous me donnez des conseils ?

PADDOCK. – Il faut que vous poursuiviez votre enquête normalement.

ROUSSIN. – Normalement ? Mais monsieur Paddock, une enquête ça consiste à traquer, dépister et confondre les coupables !

PADDOCK. – Mais c'est bien ce que vous allez faire, commissaire. Seulement vous ne procéderez à aucune arrestation sans mon autorisation.

ROUSSIN. – Et est-ce que je dois fournir un mot de mes parents pour sortir pendant mes jours de congé ?

PADDOCK. – Je ne plaisante pas, monsieur le commissaire ! Bon, maintenant, revenons à ma présence dans votre bureau. J'ai dit tout à l'heure à votre inspecteur que j'avais des révélations à faire.

ROUSSIN. – Révélez, monsieur Paddock, révélez.

PADDOCK. – Lors de votre enquête, dans l'appartement du crime, vous avez fait la connaissance d'un scout.

ROUSSIN. – M. Wolf dit Petit Fut Loupé.

PADDOCK. – Non, Petit Loup Futé.

ROUSSIN. – C'est ça. Mais comment le savez-vous ?

PADDOCK. – Ma sœur était présente.

ROUSSIN. – Au fait, à propos de votre sœur...

PADDOCK. – Nous parlerons de ma sœur une autre fois! Pour l'instant, occupez-vous du scout! Il est dangereux, très dangereux!

On frappe à la porte.

ROUSSIN. – Entrez! *(Entrée de Paturon avec un cornet de frites.)* Qu'est-ce que c'est?

PATURON. – Des frites.

ROUSSIN. – Je parle de ce que vous avez à me dire!

PATURON. – Ah bon.

ROUSSIN. – Alors?

PATURON. – Alors, chef, il y a à côté un vieux scout qui demande à vous parler. Il a des révélations à vous faire, paraît-il.

PADDOCK. – Je m'en doutais.

ROUSSIN. – Qu'est-ce que je fais?

PADDOCK. – Attendez que je sois sorti pour le faire entrer. *(Il va vers la fenêtre, l'ouvre et enjambe la barre d'appui.)* À bientôt, commissaire. Et n'oubliez pas, cet homme est dangereux.

ROUSSIN. – Oui, oui... Discrétion, méfiance et limousine.

PADDOCK. – Limousine?

ROUSSIN. – Non, diligence. *(Paddock sort par la fenêtre.)* Paturon, faites entrer le cow-boy.

PATURON, *se penchant vers l'extérieur.* – Monsieur Wolf, s'il vous plaît.

Scène 4

Entrée du scout. Sortie de Paturon.

Scout. – Scout, toujours prêt!!!

Roussin. – Hein?

Scout. – Scout, toujours prêt!!!

Roussin. – C'est ça. Asseyez-vous. *(Le scout s'assied.)* Je vous écoute. *(La porte du bureau s'ouvre brutalement. C'est Lacave qui entre. Il a le visage sale et les vêtements dans le même état.)* Qu'est-ce que c'est que cette tenue, inspecteur?

Lacave. – Je reviens de la crèmerie, chef.

Roussin. – Eh bien, maintenant, vous pouvez passer au pressing.

Lacave. – Elle a sauté, chef!

Roussin. – La crèmerie?

Lacave. – Oui, chef.

Roussin. – Qu'est-ce qui s'est passé? Racontez-moi ça.

Lacave. – Boum!!!

Roussin. – Qu'est-ce qui vous prend?

Lacave. – Je vous raconte ce qui s'est passé, chef!

Roussin. – Boum?!

Lacave. – Oui, boum! Je tournais au coin de la rue quand elle a explosé.

Roussin. – Avez-vous cherché des indices dans les décombres?

Lacave. – Oui, et je n'ai rien trouvé à part un chèque en blanc non barré.

Roussin. – Faites voir. *(Lacave tend un chèque complètement noirci.)* C'est ça votre chèque en blanc ?

Lacave. – Oui chef.

Roussin. – Il est sombre.

Lacave. – Cette affaire n'est pas très claire non plus.

Roussin. – C'est juste. Bon, nous allons écouter monsieur.

Scout, *se levant d'un bond.* – Petit Loup Futé, chef de la patrouille des Renards Ringards ! Renards toujours rin… gards !

Roussin. – Nous vous écoutons, petit loup.

Scout. – Futé, commissaire, Petit Loup Futé, chef de la patrouille…

Roussin. – D'accord ! D'accord !

Scout. – C'est mon totem, et quand on a un totem, on y tient. Vous n'avez pas de totem, monsieur le commissaire ?

Roussin. – Non, je n'ai pas de totem, et je n'ai pas beaucoup de temps non plus.

Scout. – Alors voilà, monsieur le commissaire. Mlle Dorothy Paddock a tenté de m'assassiner.

Roussin. – Dans quelles circonstances ? Par quel moyen ? Dans quel but ?

Scout. – Eh bien, comme vous le savez, elle a accepté de me faire traverser la rue, hier, quand je suis venu dans l'appartement de M. Loupigne vous demander de l'aide.

Roussin. – Oui, oui, ensuite, soyez bref !

SCOUT. – Bref, elle me tenait par le bras pour me faire traverser, quand, tout à coup, en plein milieu du trafic intense, la voilà qui me lâche et se sauve à toutes jambes ! Entre parenthèses, vous avez vu ses jambes, commissaire ?

ROUSSIN. – Non.

LACAVE. – Vous n'avez pas vu ses jambes, chef ?

SCOUT. – Vous les avez vues, vous ?

LACAVE. – Bien sûr ! Elle a des jambes ravissantes.

SCOUT. – Exactement ! Et elle a des chevilles…

LACAVE. – Et le mollet ! Quel galbe !

SCOUT. – Ah ! le mollet… Je n'en avais jamais vu d'aussi bien tournés depuis… ceux de Baden-Powell.

LACAVE. – Je ne l'ai pas connu.

SCOUT. – Oh ! les mollets de Baden-Powell !

ROUSSIN. – Vous n'êtes pas ici pour nous parler de Baden-Powell ! Continuez votre histoire !

SCOUT. – Petit Loup Futé ! Chef de la patrouille des Renards Ringards ! Renards toujours rin… gards ! Je continue. Elle me laisse donc seul au milieu de la chaussée, quand soudain une moto a foncé sur moi ! J'ai eu le temps de faire un bond de trois mètres vingt en arrière ! Heureusement, sinon ma patrouille perdait son chef.

ROUSSIN. – Vous avez vu le conducteur ?

SCOUT. – Non, sauf qu'il portait un casque à pointe, des baskets, un blouson noir sur une chemise à carreaux, un jean usagé et des gants blancs.

LACAVE. – C'était certainement un complice.

Scout. – C'était son frère.

Roussin. – Ça m'étonnerait.

Lacave. – Moi aussi.

Roussin. – Pourquoi, Lacave? Vous le connaissez?

Lacave. – Heu… non… mais d'après le concierge, le frère de Dorothy… heu… est plutôt un intellectuel.

Roussin. – Ouais… Monsieur Wolf, avez-vous des témoins?

Scout. – Hélas non, monsieur le commissaire.

Roussin. – Monsieur Wolf…

Scout. – Petit Loup Futé, commissaire.

Roussin. – Petit Loup Futé, avez-vous déjà rencontré Dorothy et son frère ensemble?

Scout. – Jamais, monsieur le commissaire. Toujours séparément.

Roussin. – Mlle Paddock nous a dit qu'elle et son frère recevaient souvent M. Loupigne chez eux.

Scout. – C'est exact. M. Loupigne avait de curieuses fréquentations.

Roussin. – Comment le savez-vous puisque vous avez prétendu ne pas connaître la victime?

Scout. – C'est exact, monsieur le commissaire, mais j'ai menti.

Lacave. – C'est pas beau pour un scout.

Scout. – La vérité n'est pas bonne à dire devant les personnes louches.

Roussin. – Quel personnage louche, Petit Futé?

Scout. – Eh bien, Mlle Paddock et lui.

Lacave. – Moi ?!

Scout. – Oui, vous ! D'ailleurs, dans la maison du crime, tout le monde est louche. À commencer par M. Loupigne, la victime.

Roussin. – Pourquoi M. Loupigne vous paraissait louche ?

Scout. – À cause de ses allées et venues, des personnages louches qu'il fréquentait, des coups de téléphone qu'il donnait ou qu'il recevait...

Roussin. – Comment faisiez-vous pour entendre ses coups de téléphone ?

Scout. – Parce que je l'avais branché sur une table d'écoute.

Roussin. – Quoi ? Mais c'est interdit, ça !

Scout. – Oh ! à mon âge, tout est permis !

Roussin. – Ça c'est vous qui le dites. Et que disaient M. Loupigne ou ses interlocuteurs ?

Scout. – Ça je ne vous le dirai pas, monsieur le commissaire.

Roussin. – Je pourrais vous faire arrêter, monsieur Wolf.

Scout. – Petit Loup Futé, s'il vous plaît.

Roussin. – Foutez-moi la paix avec votre petit loup ou je vous fous en cabane !

Scout. – Monsieur le commissaire, je bénéficie en haut lieu d'appuis...

Roussin. – Qui ça ? Le remplaçant de Baden-Powell ?

Scout. – Voulez-vous, s'il vous plaît, téléphoner à ce numéro ? *(Il tend un bristol au commissaire.)*

Roussin, *prenant brutalement le bristol et le déchirant.* – Je ne téléphonerai à personne ! Ni au pape, ni au roi des Belges, ni à Carla Bruni ! Disparaissez de ma vue, monsieur Wolf, mais dites-vous bien que je vous ai à l'œil !

Scout. – Vous êtes congestionné, monsieur le commissaire.

Roussin. – Je suis peut-être congestionné, mais j'en ai ras le bol qu'on me prenne pour un con ! Gestionné ou pas ! Sortez d'ici !

Scout. – Bien, monsieur le commissaire. *(Il se lève.)* Petit Loup Futé, chef de la patrouille des Renards Ringards ! Renards toujours rin… gards ! Au revoir, inspecteur. *(Il sort.)*

Scène 5

Lacave. – Ce type a dû se cogner à son totem.

Roussin. – « Je bénéficie d'appuis ! » Je t'en foutrai des appuis, moi ! *(Le téléphone sonne. Il décroche.)* Allô ! Oui, c'est moi… Pardon ?… M. Wolf ?… Oui, parfaitement… Bien, monsieur… Attention où je mets les pieds… Mais certainement. Mes respects, monsieur le… *(À voir sa tête, on devine que son interlocuteur lui a raccroché au nez.)* Le vieux salaud avait tout prévu !

Lacave. – Qui était-ce ?

Roussin. – Un haut lieu.

Lacave. – Le vieux salaud ?

Roussin. – Non, le vieux salaud c'est le scout. Lui aussi a des appuis. On vient de me le faire comprendre : « le laisser agir en toute impunité, tout en exerçant sur lui une discrète surveillance ».

LACAVE. – J'ai toujours pensé que ce vieux scout était suspect.

ROUSSIN. – Évidemment qu'il est suspect ! De toute façon, un vieux scout c'est toujours suspect.

LACAVE. – Ça c'est bien vrai. Quand on est jeune, c'est déjà louche, mais à soixante-dix ans passés, ça relève de la débilité mentale.

ROUSSIN. – Lacave, vous allez suivre la piste du Petit Loup Futé.

LACAVE. – Vous croyez qu'il a laissé une piste ?

ROUSSIN. – Un scout laisse toujours une piste. Allez, Lacave.

LACAVE. – J'y vais, chef. *(Il se dirige vers la porte.)*

ROUSSIN. – Appelez-moi Paturon.

LACAVE. – Oui, chef. *(Il ouvre la porte et appelle.)* Paturon ! Le chef veut te voir !

Entrée de Paturon dégustant un cornet de frites.

SCÈNE 6

PATURON, *la bouche pleine*. – Vous voulez me voir, chef ?

ROUSSIN. – Encore des frites ? Ma parole, vous êtes belge ou quoi ?

PATURON. – Oui… heu… non… je mange des frites à chaque fois que j'ai envie de fumer, pour ne plus fumer, chef.

LACAVE. – Tu ferais mieux de fumer des frites.

ROUSSIN. – Lacave, on ne vous a rien demandé ! Occupez-vous du scout !

LACAVE. – Tout de suite, chef. *(Il sort.)*

ROUSSIN. – Bon, Paturon, avez-vous trouvé des indices sur les vêtements de la victime ?

PATURON. – Vous parlez du concierge ou de l'aviateur, chef ?

ROUSSIN. – Je parle de l'aviateur, le noyé du lavabo.

PATURON. – Ah bon… Eh bien, non, rien.

ROUSSIN. – Ça correspond à quoi ce que vous venez de me dire ?

PATURON. – Non, je n'ai rien trouvé sur les vêtements de la victime. Tout avait été soigneusement décousu.

ROUSSIN. – Dans ce cas, vous allez faire tous les magasins de fournitures maritimes et demander si quelqu'un est venu récemment acheter des vêtements et des accessoires, comme ceux que portait la victime. Vous avez compris ?

PATURON. – Non, mais j'ai tout retenu.

ROUSSIN. – C'est le principal. Allez-y, et ne vous arrêtez pas en route pour manger des frites.

PATURON. – Non, chef, ne vous inquiétez pas. De toute façon, je ne mange pas n'importe quelles frites : je ne mange que des frites belges.

ROUSSIN. – Vous allez en Belgique les acheter ?

PATURON. – Oh non, chef ! Je me les fais expédier. À tout à l'heure, chef.

Il sort au moment où Lacave entre, suivi d'une jeune femme.

Scène 7

Roussin. – Vous êtes déjà de retour ? Vous n'avez pas suivi la piste du scout ?

Lacave. – Si, chef. Jusqu'au moment où je l'ai perdue.

Roussin, *s'adressant à la jeune femme.* – Qui êtes-vous ?

Lacave. – Inspecteur Lacave, chef.

Roussin. – C'est à mademoiselle que je parle.

Lacave. – C'est ma fiancée.

Roussin. – Vous êtes fiancé ? Depuis quand ?

Lacave. – Oh ! depuis… Depuis quand, Ginette ?

Roussin. – Elle s'appelle Ginette ?

Ginette. – Oui, je m'appelle Ginette. Ça vous gêne ?

Roussin. – Oh ! je m'en fous complètement !

Ginette. – Dis donc, Maurice, il n'est pas très poli ton chef.

Lacave. – Écrase, mon amour.

Roussin. – Lacave, parlez-moi du scout. *(À Ginette.)* Et vous, allez voir à côté si j'y suis.

Ginette. – Dites donc, espèce de grossier personnage, c'est pas parce qu'on vous a assommé avec une boule de pétanque cachée dans une éponge que vous devez être agressif !

Roussin. – Eh bien, moi je n'aurai pas besoin de glisser une boule de pétanque dans ma chaussure pour vous envoyer un coup de botte dans le train et vous faire sortir !

GINETTE. – Essayez un peu et je vous fais une planchette japonaise en bois des îles !

LACAVE. – Ginette ! On ne parle pas comme ça à un blessé.

ROUSSIN. – Quel blessé ?

LACAVE. – Mais vous, chef.

ROUSSIN. – Vous vous foutez de moi ou quoi ?

GINETTE. – Mon chéri, t'as raté une bonne occasion de te taire.

ROUSSIN. – Il en rate souvent.

LACAVE. – Mais chef, vous avez été victime d'un odieux attentat et la proéminence que vous supportez sur le sommet de votre crâne en est la preuve !

ROUSSIN. – Laissez ma proéminence tranquille.

GINETTE. – Vous avez essayé l'escalope ?

ROUSSIN. – Non.

GINETTE. – Pourquoi ?

ROUSSIN. – Je n'aime pas le veau.

GINETTE. – C'est dommage, car une escalope appliquée sur une bosse de fraîche date soulage immédiatement la douleur.

LACAVE. – On peut également employer un bifteck, le résultat est identique. Les coureurs cyclistes l'emploient fréquemment.

GINETTE. – Oui, mais pour mettre sous leurs fesses, pas sur la tête, mon chéri.

LACAVE. – Tu as raison, mon chou, j'ai confondu avec mes boxeurs.

GINETTE. – Les boxeurs s'appliquent un bifteck sur l'œil qui a reçu un coup, pas sur la tête, mon amour.

LACAVE. – Mais alors, qui peut s'appliquer un bifteck sur la tête pour calmer la douleur ?

GINETTE. – Les policiers intelligents, chéri.

ROUSSIN. – Bon, maintenant que nous avons parlé de viande et de sport, parlons du scout. Comment avez-vous fait pour perdre sa trace ?

LACAVE. – Oh ! très simplement, chef !

ROUSSIN. – Ça ne m'étonne pas de vous, vous êtes très doué. Je vous écoute.

LACAVE. – Eh bien, voilà. Après avoir longtemps erré dans un dédale de rues, j'ai fini par retrouver sa trace. Et ça n'a pas été facile, car pour ne pas laisser de traces, notre homme marchait dans le caniveau.

ROUSSIN. – Alors comment avez-vous fait pour le retrouver ?

LACAVE. – Parce qu'à un moment, il a emprunté un caniveau qui était sec.

ROUSSIN. – Et alors ?

LACAVE. – Et alors, les semelles de ses Pataugas largement imprégnées d'eau se sont reproduites sur le sol.

ROUSSIN. – À partir de cet instant, il était donc facile de le suivre ?

LACAVE. – C'est ce que j'ai cru. Et non seulement je l'ai cru, mais ma ténacité proverbiale et méconnue, a été récompensée quelques instants plus tard, quand au détour d'une impasse, j'ai aperçu notre homme. Et non seulement je l'ai aperçu, mais je l'ai vu !

Roussin. – Bravo!

Lacave. – Merci. Mais malheureusement cet enfant de sa…

Roussin. – Lacave! Restez digne.

Lacave. – Pardon, chef. Donc, disais-je, ce fils de…

Roussin. – Lacave! De la dignité!

Lacave. – Oui, chef. Donc, ce brave homme…

Roussin. – Lacave, ne soyez pas con.

Lacave. – Bien, chef. Donc ce scout attardé m'a aperçu dans son rétroviseur.

Roussin. – Quel rétroviseur?

Lacave. – Le rétroviseur qui était fixé sur son fanion.

Roussin. – Il avait un rétroviseur sur son fanion?

Lacave. – Oui, chef. Un rétroviseur anglais.

Roussin. – Comment savez-vous que c'était un rétroviseur anglais?

Lacave. – Parce qu'il était placé à droite du fanion, chef.

Roussin. – C'est juste. Continuez.

Ginette. – Où sont les toilettes, commissaire?

Roussin. – Hein?

Ginette. – Je vous demande où se trouvent les toilettes.

Roussin. – Les toilettes! Elle me demande où se trouvent les toilettes! Ça ne va pas, non?!

Ginette. – Ça va très bien, commissaire, mais je voudrais me refaire une beauté, je m'étiole dans votre bureau.

Roussin. – Elle s'étiole ! Nous recherchons un meurtrier et madame s'étiole ! Au fond du couloir à droite !

Ginette. – C'est pas la peine de hurler comme ça ! Je ne suis pas sourde ! À tout de suite. *(Elle sort.)*

Roussin. – Où avez-vous déniché cet exemplaire, Lacave ?

Lacave. – Heu… chez des amis…

Roussin. – Il faut se méfier de ses amis. Bon, revenons à notre scout. Que s'est-il passé après qu'il vous a vu ?

Lacave. – Il s'est engouffré dans un cabaret russe.

Roussin. – Un cabaret russe ?

Lacave. – Oui, chef. Le Raspoutine's Club.

Roussin. – Et vous ne l'avez pas suivi ?

Lacave. – Si, chef, mais à l'intérieur il faisait très sombre et il a disparu. C'est à ce moment que je suis tombé sur un prince russe qui nettoyait le parquet.

Roussin. – Vous l'avez interrogé ?

Lacave. – Bien sûr. Je lui ai demandé s'il n'avait pas vu un vieux scout et il m'a répondu que le dernier scout qu'il avait rencontré, c'était Baden-Powell en 1932. Je suis donc reparti.

Roussin. – Vous n'avez pas perquisitionné ?

Lacave. – Je ne pouvais pas, je n'avais pas de mandat.

Roussin. – Fallait faire un chèque.

Entrée de Ginette.

Ginette. – Me revoilà.

Roussin. – Quelle surprise !

GINETTE. – Votre bureau sent mauvais, commissaire. Vous devriez aérer.

ROUSSIN. – Vous n'avez qu'à ressortir, ça donnera de l'air.

GINETTE. – Ne soyez pas bougon, ça vous déforme la face.

ROUSSIN. – Je ne suis pas bougon, mademoiselle, mais ici c'est un lieu de travail ! Ce bureau n'est pas fait pour qu'on le respire, mais pour y travailler ! D'abord qu'est-ce que vous faites dans la vie ?

GINETTE. – Je suis auxiliaire de police.

ROUSSIN. – Quoi ?

GINETTE. – Parfaitement. Depuis trois mois.

ROUSSIN. – Comment se fait-il que vous ne soyez pas en uniforme ?

GINETTE. – C'est mon jour de congé.

ROUSSIN. – Et c'est avec votre paye d'auxiliaire que vous vous êtes payé ce manteau de fourrure ?

GINETTE. – Non, c'est mon chouchou qui me l'a offert. N'est-ce pas, chéri ?

LACAVE. – Hein ?… Ah oui, c'est moi.

ROUSSIN. – Proportionnellement à votre salaire, c'est un cadeau fabuleux.

LACAVE. – J'ai économisé…

ROUSSIN. – Je m'en doute, et sérieusement. Enfin… *(Il écrit et tend un papier à Lacave.)* Voici un mandat de perquisition. Vous retournez au Raspoutine's Club. Fouillez partout. Interrogez tout le monde. Je veux retrouver ce vieux scout.

LACAVE. – Comptez sur moi, chef.

GINETTE. – Je vais t'y emmener, mon chéri. La Jag est à quelques mètres d'ici.

ROUSSIN. – Vous avez une Jaguar, mademoiselle Ginette ?

GINETTE. – Oui, monsieur le commissaire. Un héritage.

ROUSSIN. – C'est un beau cadeau, mais ça mange beaucoup.

GINETTE. – Oui, mais moi je mange très peu. Tu viens, chouchou ?

LACAVE. – J'arrive. À tout à l'heure, commissaire.

ROUSSIN. – C'est ça, à tout à l'heure. Mais avec des résultats.

Ginette et Lacave sortent.

SCÈNE 8

ROUSSIN. – Une Jaguar… Un manteau de fourrure… *(On frappe.)* Entrez ! *(Entrée de Paturon.)* Ah ! c'est vous ? Alors, quelles nouvelles ?

PATURON. – J'ai le signalement de l'individu qui a acheté les vêtements de marin, chef.

ROUSSIN. – Bravo, Paturon ! Je vous écoute.

PATURON. – Taille moyenne, légèrement en dessous, très mince, presque fluet, chapeau rabattu sur les yeux, lunettes noires et voix étrange.

ROUSSIN. – Qu'entendez-vous par étrange ?

PATURON. – Eh bien, le vendeur m'a dit qu'il avait une voix tantôt rauque, tantôt flûtée comme quelqu'un qui aurait une forte angine.

Roussin. – Ou comme quelqu'un qui essayerait de dissimuler sa voix.

Paturon. – C'est ça, chef.

Roussin. – C'est tout?

Paturon. – Non, chef. L'individu a payé ses achats avec un chèque.

Roussin. – Quelle banque?

Paturon. – Une banque anglaise, la « Bang Bank Corporation ».

Roussin. – Tiens, anglaise?... Et c'est tout?

Paturon. – Non, chef. Le vieux scout a été assassiné.

Roussin. – Quoi?!

Paturon. – On a découvert son cadavre dans une ruelle sombre, juste à côté de la sortie de secours d'un cabaret russe, le Raspoutine's Club.

Roussin. – Comment a-t-il été tué?

Paturon. – Il a eu le crâne fracassé.

Roussin. – A-t-on retrouvé l'arme du crime?

Paturon. – Non, chef, mais on a retrouvé des bouts d'éponge dans ses cheveux.

Roussin. – Encore la boule de pétanque!... Paturon, vous allez rejoindre l'inspecteur Lacave que j'ai envoyé là-bas. Interrogez tout le monde, fouillez partout. À vous deux, vous devriez trouver quelque chose.

Paturon. – Bien, chef. Ah! j'allais oublier... Il y a un duc qui désire vous parler. Il dit qu'il a d'importantes révélations...

Roussin. – D'accord… Faites-le entrer. *(Paturon sort en fermant la porte. Un temps. On frappe.)* Entrez !

Entrée du duc de Mornifle.

Scène 9

Roussin. – Bonjour, monsieur le duc. Je vous en prie, asseyez-vous.

Le duc. – Merci.

Roussin. – Vous avez, paraît-il, d'importantes révélations à me faire.

Le duc. – En effet, monsieur le commissaire. Je pense qu'il est de mon devoir…

Roussin. – Monsieur le duc, est-ce que vous bénéficiez d'appuis en haut lieu ?

Le duc. – Certainement, monsieur le commissaire.

Roussin. – Bon, alors maintenant, dites-moi qui vous avez assassiné.

Le duc, *se levant d'un bond.* – Comment osez-vous ?

Le téléphone sonne. Roussin décroche.

Roussin. – Allô !… Oui, commissaire Roussin à l'appareil… Quoi ?… M. Salingue… Mort dans son bureau… Le crâne fracassé avec une éponge assez lourde… D'accord. Je vous envoie une équipe tout de suite. Assurez-vous des personnes… C'est ça, Mme Salingue et l'associé de Salingue… Broquille, c'est ça… Hein? Ils ont disparu sans laisser de traces?… Mettez tout en œuvre pour les retrouver. Je vous enverrai Lacave dès qu'il sera disponible. *(Il raccroche.)* Vous avez entendu, monsieur le duc?

LE DUC. – Oui, monsieur le commissaire, et j'ai écouté avec le plus grand intérêt, car je peux vous donner des éclaircissements sur ce meurtre.

ROUSSIN. – Je vous en prie.

LE DUC. – M. Lebaveu, le concierge, travaillait pour moi jusqu'à son assassinat et…

ROUSSIN. – Comment savez-vous qu'il a été assassiné, monsieur le duc?

LE DUC. – Ça fait partie de mon métier de tout savoir, monsieur le commissaire.

ROUSSIN. – Puis-je vous demander quel est votre métier?

LE DUC. – Mais certainement : je fais partie des services secrets allemands.

ROUSSIN. – Vous êtes un espion allemand?

LE DUC. – Oui, monsieur le commissaire. Pourquoi?

ROUSSIN. – Félicitations! Vous parlez le français sans accent.

LE DUC. – Pour un Français, c'est tout à fait normal, commissaire.

ROUSSIN. – Ah! vous êtes un espion allemand français?

LE DUC. – Oui, monsieur le commissaire.

ROUSSIN. – Pourquoi avoir choisi les services secrets allemands, monsieur le duc? La France possède également ses services secrets.

Le duc. – C'est pour faire plaisir à ma femme, commissaire.

Roussin. – Mme la duchesse est d'origine allemande ?

Le duc. – Pas du tout, ma femme est française.

Roussin. – Alors, je ne comprends pas…

Le duc. – C'est très simple, monsieur le commissaire. Ma femme est très dépensière et, dans les services secrets allemands, les heures supplémentaires, les dimanches et les jours fériés sont payés double.

Roussin. – Ah ! je vois…

Le duc. – Vous avez une bonne vue, monsieur le commissaire.

Roussin. – Mais la patrie, le devoir, le défilé du 14 Juillet…

Le duc. – Ne me faites pas rire, commissaire, j'ai les lèvres gercées.

Roussin. – Excusez-moi.

Le duc. – Il n'y a pas de mal.

Roussin. – Vous me disiez donc que le concierge, M. Lebaveu, travaillait pour vous ?

Le duc. – Oui, il faisait partie de mon réseau. C'était un homme très doué malgré son apparence d'imbécile. Il avait tout découvert, entre autres que M. Salingue était un espion israélien et que sa femme, d'origine berrichonne, était une espionne arabe jouant le double jeu au profit de Vitélévian, un espion arménien qui était son amant.

Roussin. – Vitélévian ?… Connais pas.

Le duc. – Vitélévian, plus connu sous le nom de H2O.

Roussin. – Vétélévian H2O et Mme Salingue sont donc coupables du meurtre de M. Salingue ?

Le duc. – Sans aucun doute, monsieur le commissaire. Et j'ajouterai qu'ils se sont servis de la même arme qui a servi pour le meurtre de M. Loupigne, pour détourner les soupçons.

Roussin. – C'est une supposition ?

Le duc. – Non, commissaire. Une affirmation.

Roussin. – Pour affirmer il faut une preuve, monsieur le duc.

Le duc. – Je les ai vus, monsieur le commissaire, de la fenêtre de ma chambre. Elle donne juste en face de l'armoire de toilette.

Roussin. – Mais pourquoi n'avez-vous pas averti la police ?

Le duc. – J'avais mieux à faire, monsieur le commissaire.

Roussin. – Ah oui ? Et quoi donc ?

Le duc. – J'ai saboté la voiture dans laquelle H2O et sa maîtresse se sont enfuis.

Le téléphone sonne. Roussin décroche.

Roussin. – Allô !… Oui, ici Roussin… Quoi ?! Non !… Si ? *(Il s'adresse au duc.)* Ils ont coulé dans le lac de Genève… *(Au téléphone.)* Côté français ou côté suisse ?… Eh bien, ils ne sont pas près de remonter. Salut. *(Il raccroche.)* Vous êtes satisfait, monsieur le duc ?

Le duc. – J'ai simplement fait ce que j'avais à faire.

Roussin. – Puis-je vous poser une question ?

Le duc. – Je vous en prie.

Roussin. – Connaissiez-vous le but de la mission de H2O ?

Le duc. – Peut-être.

Roussin. – Vous ne voulez pas répondre ?

Le duc. – Non. Mais cela est sans importance.

Roussin. – Sans importance ? C'est vous qui le dites ! Si vous aviez prévenu des agissements de H2O et de sa maîtresse, la police aurait pu…

Le duc. – La police n'aurait rien pu commissaire, croyez-moi.

Roussin. – Ah oui ? Et peut-on savoir pourquoi ?

Le duc. – Parce que ces deux personnes bénéficiaient en haut lieu…

Roussin. – D'accord ! D'accord ! Maintenant, une autre question.

Le duc. – Avec plaisir.

Roussin. – En venant me raconter le sabotage dont vous êtes l'auteur…

Le duc. – Je vous arrête !

Roussin. – Hein ?!

Le duc. – Oui, je vous arrête dans la poursuite de vos déductions. Ça nous fera gagner du temps à tous les deux, monsieur le commissaire. Si je vous ai raconté tout ce que vous avez entendu, c'est que moi aussi je bénéficie des mêmes avantages que les gens que j'ai supprimés, et que par conséquent vous ne pouvez agir en aucune façon contre ma personne. Voilà. Je pense que c'est clair ?

Roussin. – Très clair.

Le duc, *se levant.* – Dans ce cas, je vais pouvoir me retirer. Au revoir, monsieur le commissaire.

Roussin. – Au revoir ? Ça n'est pas sûr, monsieur le duc.

Le duc. – Pourquoi ? Vous comptez disparaître ?

Roussin. – Moi, non.

Le duc. – Alors dans ce cas, il n'y a pas de problème.

Il ouvre la porte et tombe nez à nez avec Paturon qui allait entrer.

Paturon. – Monsieur... chef, j'ai trouvé ça sur le vieux scout.

Le duc. – Est-ce que nous nous serions rencontrés quelque part ?

Paturon. – Heu... non, je ne crois pas.

Le duc. – Vous n'êtes jamais allé à Anvers ?

Paturon. – Anvers ? Je ne connais pas cet endroit.

Le duc. – C'est amusant. Au revoir, messieurs. *(Il sort.)*

Paturon. – Mes frites y étaient peut-être, mais pas moi.

Scène 10

Roussin. – Faites voir ce que vous avez trouvé.

Paturon. – Rien que des papiers d'identité, chef.

Roussin. – Voyons ça... Carte Navigo, carte bleue, carte de France, carte de scout de France... Il faisait partie des scouts de France depuis 1928 !

Paturon. – Les pauvres !

Roussin. – Passeport... Wolf Ludwig, né le 22 janvier 1897 à Hambourg. Il était donc allemand.

Paturon. – Et il appartenait aux scouts de France ?

Roussin. – Et ça, qu'est-ce que c'est ?… Des adresses de massages thaïlandais… Je les garde… Qu'est-ce que c'est que ça ?!

Paturon. – Qu'est-ce, chef ?

Roussin. – Quelle caisse, Paturon ?

Paturon. – Je dis : « Qu'est-ce, chef ? » dans le sens de « Quoi c'est ? », chef.

Roussin. – On ne dit pas « Quoi c'est ? », on dit « De quoi s'agit-il ? » ou bien « Qu'est-ce que c'est que ça, chef ? ».

Paturon. – Alors, qu'est-ce que c'est qui vous a fait dire « qu'est-ce que c'est que ça » chef ?

Roussin. – Voilà, c'est plus clair. Eh bien, notre scout faisait partie du KGB !

Paturon. – Non ?!

Roussin. – Si. Ce vieux scout de France allemand était un espion russe !

Paturon. – Ça alors !

Roussin. – Vous n'avez rien d'intelligent à dire ?

Paturon. – Pas pour le moment, chef.

Roussin. – Réfléchissez, Paturon. Ce scout était un espion russe, le duc qui sort d'ici est un espion allemand, Lebaveu le concierge travaillait pour lui avant d'être assassiné par William ou Dorothy Paddock, qui fait ou font partie des services secrets français. Et la victime appartenait sans aucun doute à un service de renseignements.

Paturon. – Et alors ?

Roussin. – Et alors tout ce petit monde habite ou habitait dans l'immeuble où a eu lieu le meurtre du marin aviateur. Qu'en dites-vous, Paturon ?

PATURON. – Comme vous, chef.

ROUSSIN. – C'est bon de se sentir aidé. Est-ce qu'on a des tirages des photos du noyé du lavabo ?

PATURON. – Non, chef, mais c'est normal.

ROUSSIN. – Pourquoi ?

PATURON. – Parce que le laboratoire a explosé, chef.

ROUSSIN. – Quoi ?!

PATURON. – Oui, chef. Et il ne reste plus rien, ni du labo, ni des photos, ni du photographe.

ROUSSIN. – Ça alors !

PATURON. – C'est ce que j'ai dit quand je l'ai su, chef.

Le téléphone sonne. Roussin décroche.

ROUSSIN. – Oui, qu'est-ce que c'est ?… Hein ?… Mlle Dorothy Paddock veut me voir ?… Seule ? Bon, dites-lui que je vais la recevoir. *(Il raccroche.)* Paturon, vous allez filer chez le duc… Non ! Vous allez examiner les restes de la voiture de… Non ! Vous allez vous occuper du corps de Wolf… Non ! Vous allez fouiller dans les décombres du labo pour chercher des indices.

PATURON. – Pour le quatrième ordre, c'est fait, chef. Et je n'ai rien trouvé.

ROUSSIN. – Alors, allez où vous voulez.

PATURON. – J'y cours, chef.

Il se précipite vers la porte.

ROUSSIN. – Avant de partir, faites entrer Mlle Paddock.

PATURON. – Oui, chef.

Paturon sort. Le téléphone sonne. Roussin décroche.

ROUSSIN. – Allô !… Quoi ?… Non, madame, ce n'est pas la pharmacie Lopez. *(Il raccroche. On frappe à la porte.)* Entrez !

Entrée de Dorothy Paddock.

SCÈNE II

ROUSSIN. – Bonjour, mademoiselle. Asseyez-vous.

DOROTHY. – Monsieur le commissaire, je viens vous faire un aveu.

ROUSSIN. – C'est vous l'assassin ?

DOROTHY. – De qui, monsieur le commissaire ?

ROUSSIN. – De Maxime Loupigne ?

DOROTHY. – Ah non ! Pas lui !

ROUSSIN. – Comment, pas lui ? Vous avez donc tué quelqu'un d'autre ?

DOROTHY. – Eh bien, oui. Le concierge.

ROUSSIN. – Votre frère m'a dit la même chose, mademoiselle Dorothy.

DOROTHY. – C'est normal, commissaire.

ROUSSIN. – Comment, c'est normal ?

DOROTHY. – Bien sûr, puisque lui et moi ne faisons qu'un.

ROUSSIN. – Et alors ?

DOROTHY. – Et alors à partir du moment où mon frère vous avoue être l'assassin du concierge, c'est comme si c'était moi qui avouais puisque je suis mon frère.

ROUSSIN. – Vous devriez vous faire un check-up.

DOROTHY. – Vous allez comprendre. *(Dorothy ouvre son sac et en sort une perruque, une moustache et des lunettes… et c'est William Paddock.)* Et voilà !

ROUSSIN. – Incroyable !

DOROTHY. – Mais vrai ! *(Elle se débarrasse de ses accessoires et redevient Dorothy.)*

ROUSSIN. – Je vous préfère comme ça.

DOROTHY. – Moi aussi.

ROUSSIN. – Et c'est vous qui avez assassiné Lebaveu ?

DOROTHY. – C'est moi.

ROUSSIN. – Mais pourquoi ?

DOROTHY. – Parce que cet imbécile avait découvert mon secret.

ROUSSIN. – Mais pourquoi n'en a-t-il rien dit ?

DOROTHY. – Il a dit.

ROUSSIN. – À qui ?

DOROTHY. – À son chef, le duc de Mornifle.

ROUSSIN. – Il a pourtant accepté, par la suite, l'emploi chez le crémier que vous lui aviez trouvé ?

DOROTHY. – Bien sûr. Je lui ai fait croire qu'il me faisait peur et cet emploi était le prix de son silence.

ROUSSIN. – Vous l'avez manœuvré pour une bouchée de pain.

DOROTHY. – C'était un petit, si minable.

ROUSSIN. – Qui a trouvé la mort dans un pot de yaourt.

DOROTHY. – Oui, mais avouez qu'il n'avait pas assez d'envergure pour mourir en mangeant du caviar.

ROUSSIN. – C'est possible… Vous saviez que le duc de Mornifle était un espion allemand ?

DOROTHY. – Évidemment. De même que le scout était un espion russe, et que la victime Maxime Loupigne était membre de la CIA, qu'il trahissait au profit du KGB. Sans oublier, bien sûr, Mme Salingue et Vitélévian son amant.

ROUSSIN. – Pour qui travaillaient-ils ces deux-là ?

DOROTHY. – Vitélévian pour les services secrets israéliens et Mme Salingue, de son vrai nom Bécassine L'Oréal, pour l'Arabie saoudite.

ROUSSIN. – Pour l'Arabie saoudite ?!

DOROTHY. – Oui… Elle espionnait pour le compte de l'association internationale des parents d'élèves.

ROUSSIN. – Eh bien… Mais revenons à vous, mademoiselle Paddock.

DOROTHY. – Je vous écoute, commissaire.

ROUSSIN. – Pourriez-vous m'expliquer les raisons de ce déguisement ?

DOROTHY. – Mais certainement. Je suis agent double, commissaire. Sous les dehors de mon frère, William Paddock, je travaille pour les services secrets français et sous les miens, pour la CIA.

ROUSSIN. – C'est dangereux.

DOROTHY. – Dangereux, mais rentable.

ROUSSIN. – Maintenant dites-moi pourquoi vous êtes venue me raconter tout ça, mademoiselle Paddock.

DOROTHY. – Parce que je vous aime, commissaire.

ROUSSIN. – Hein ?!

DOROTHY. – Oui, commissaire, je vous aime. Je vous ai aimé dès le premier jour de notre rencontre.

ROUSSIN. – Je… je suis très flatté, mademoiselle…

DOROTHY. – Appelez-moi Dorothy.

ROUSSIN. – Dorothy…

DOROTHY. – C'est très agréable de vous entendre prononcer mon nom, commissaire.

ROUSSIN. – Ah oui ?

DOROTHY. – Redites-le encore une fois.

ROUSSIN. – Dorothy…

DOROTHY. – C'est merveilleux !… Encore !

ROUSSIN. – Dorothy, je suis très flatté mais je suis marié.

DOROTHY, *sur le même ton.* – J'en ai rien à foutre…

ROUSSIN. – Moi si.

DOROTHY. – J'aime votre regard slave, votre bouche dure et sensuelle, votre démarche pataude et féline… Est-ce que vous m'aimez, commissaire ?

ROUSSIN. – Non.

DOROTHY. – Ne vous inquiétez pas, ça peut s'arranger. On ne résiste pas à une passion comme la mienne …

ROUSSIN. – Mademoiselle Paddock, je suis très flatté de votre passion soudaine, mais j'ai d'autres chats à fouetter !… Excusez-moi.

DOROTHY. – Il n'y a pas de mal, mon commissaire chéri. Au fait, c'est quoi votre prénom ?

ROUSSIN. – André, mais je…

DOROTHY. – André, c'est joli. Ça sonne clair, fort… Mais je vous appellerai Dédé !

ROUSSIN. – Il n'en est pas question.

DOROTHY. – Ne me repousse pas, mon Dédé ! Je suis prête à tout ! Je…

ROUSSIN. – Dites donc, vous connaissiez la victime ?

DOROTHY. – Laquelle ? Lebaveu ?

ROUSSIN. – Non, Loupigne.

DOROTHY. – J'étais sa maîtresse.

ROUSSIN. – Vous l'aimiez ?

DOROTHY. – Comme une nouvelle robe en solde. Au début on croit avoir fait une bonne affaire, et par la suite on se rend compte qu'on s'est fait avoir. Maxime n'était pas une affaire, commissaire.

ROUSSIN. – Mademoiselle Paddock…

DOROTHY. – Vous, vous devez être une affaire, commissaire…

ROUSSIN. – Pour l'instant, je suis sur une affaire et…

DOROTHY. – Mais je ne demande qu'à être cette affaire, mon amour !

ROUSSIN. – J'ai autre chose à faire, mademoiselle Paddock ! Et je vous le répète, je suis marié et père de ma fille.

DOROTHY. – C'est encore une chance.

ROUSSIN. – Non, je voulais dire père de famille. Mais revenons à notre affaire.

DOROTHY. – Oui, mon chéri.

ROUSSIN. – Ne m'appelez pas « mon chéri » !

DOROTHY. – Comme vous voudrez, mon amour.

ROUSSIN. – Ne m'appelez pas non plus « mon amour ».

DOROTHY. – Alors Dédé ?

ROUSSIN. – Non ! Commissaire !

DOROTHY. – Sauvage !

ROUSSIN. – Et soyez polie. Bon, mademoiselle Paddock, vous devez connaître l'enjeu de toute cette affaire ?

DOROTHY. – Oui, mon ché… Pardon. Oui, commissaire, je le connais, et je suis prête à trahir pour vous les services secrets français et la CIA. N'est-ce pas là un gage d'amour ?

ROUSSIN. – Vous risquez votre vie.

DOROTHY. – Je le sais, mais si je devais tout recommencer, je recommencerais comme j'ai commencé et par le commencement.

ROUSSIN. – Vous aimez ce métier, hein ?

DOROTHY. – Oui, je préfère ce métier où l'on risque sa vie, que trieuse de lentilles où l'on se fatigue les yeux.

ROUSSIN. – Alors je vous écoute, mademoiselle Paddock.

DOROTHY. – Eh bien, je suis devenue la maîtresse de Maxime Loupigne sur les ordres de la CIA. Ils savaient que depuis quelque temps qu'il travaillait pour le KGB, il s'était procuré un microfilm d'une extrême importance et s'apprêtait à le faire passer en Union soviétique. J'ai pu m'en emparer pendant son sommeil, la veille du jour où il devait être contacté par un agent russe.

ROUSSIN. – Qu'est-ce qu'il y avait sur le microfilm ?

DOROTHY. – Je… Je ne peux pas vous le dire.

ROUSSIN. – Alors, voilà ! Vous me dites que vous allez tout me dire et après vous me dites que vous ne pouvez pas me le dire !

DOROTHY. – Ne criez pas ! J'ai horreur de ça, mon chéri. Je n'ai pas dit que je ne voulais pas le dire, j'ai dit que je ne pouvais pas, c'est différent.

ROUSSIN. – Alors, puis-je vous demander pourquoi vous ne pouvez pas ?

DOROTHY. – Tout simplement parce que je ne l'ai pas visionné. Mais je suis prête à vous le donner pour que vous le remettiez aux services secrets français. Ainsi, toute la gloire rejaillira sur vous, vous monterez en grade, vous pourrez divorcer de votre affreuse bonne femme et m'épouser pour le meilleur et pour le pire.

ROUSSIN. – Vous oubliez la CIA, mademoiselle Paddock.

DOROTHY. – Non, je ne l'oublie pas, mais je pourrai toujours lui raconter que vous m'avez assommée, violée et dérobé le microfilm. D'ailleurs, on peut commencer tout de suite.

ROUSSIN. – Remettons ça à demain, j'attends du monde. Mais en attendant, vous pouvez par contre me donner le microfilm.

DOROTHY. – Vous me violerez demain, c'est juré ?

ROUSSIN. – Comptez sur moi, c'est comme si c'était fait.

DOROTHY. – Et ensuite, vous m'aimerez ?

ROUSSIN. – Bien sûr.

DOROTHY. – Passionnément ?

ROUSSIN. – Je ne peux pas aimer autrement.

Dorothy. – Et nous aurons une vie exaltante ?

Roussin. – Ça tombe sous le sens.

Dorothy. – Alors, je vais vous remettre le microfilm, mon amour.

Elle ouvre son sac et fouille dedans. Mais au moment où elle s'apprête à sortir le microfilm, Lacave entre précipitamment, suivi de Ginette, revolver à la main. Sans hésiter, il abat Dorothy. Celle-ci s'écroule de son siège. Son sac tombe et le contenu se répand sur le sol.

Roussin. – Lacave ! Vous êtes fou ?! *(Il s'agenouille près de Dorothy.)* Dorothy, mon petit… Comment ça va ?

Dorothy. – Pas terrible, mon chéri… Je crois que nos projets…

Roussin. – Mais si, mais si…

Dorothy. – Mais non, mais non… Méfiez-vous de l'in… C'est lui l'as…

Dorothy se tait. Elle est morte.

Roussin. – William !… Heu… non, Dorothy !… *(Il se relève.)* Lacave ! Pourquoi l'avez-vous tuée ?

Lacave. – Mais chef, j'ai cru bien faire… Quand elle a plongé sa main dans son sac, j'ai pensé qu'elle allait sortir un revolver et vous abattre.

Roussin. – Comment pouviez-vous le supposer ?! Vous n'étiez pas là !

Lacave. – J'étais derrière la porte, chef, et j'ai tout entendu.

Pendant ce dialogue, Ginette a ramassé le sac de Dorothy et en a retiré quelque chose qu'elle a glissé dans sa poche, puis a reposé le sac à terre.

Roussin. – Et alors ?! Espèce de contractuel ! Si vous avez tout entendu, vous savez qu'elle était prêtre à me donner le microfilm !

Lacave. – J'ai pensé qu'elle mentait, chef.

Ginette. – Moi aussi je l'ai pensé, commissaire.

Roussin. – Vous, allez astiquer votre Jaguar !

Ginette. – Je l'astiquerai quand je voudrai ! C'est quand même un peu fort : Maurice vous sauve la vie et vous l'engueulez !

Roussin. – Il ne m'a pas sauvé la vie ! Dorothy ne voulait pas me tuer, elle voulait me donner un microfilm !

Ginette. – Qu'est-ce que vous en savez ? Hein ? Vous avez fouillé dans le sac ? Non ? Eh bien, qu'est-ce que vous attendez ?

Roussin. – C'est ce que je vais faire.

Il ramasse le sac de Dorothy et fouille dedans. Pour aller plus vite, il renverse le contenu sur son bureau. Un revolver tombe du sac.

Lacave. – Qu'est-ce que je vous disais, chef ? Elle avait un revolver !

Roussin. – Tous les espions ont des revolvers.

Ginette. – C'est vrai, mais est-ce que vous trouvez un microfilm ?

Roussin. – Non, il n'y a pas de microfilm…

Lacave. – Qu'est-ce que je vous disais ? Je…

Roussin. – Fermez-la avec vos « qu'est-ce que je vous disais » !… Elle avait pourtant l'air sincère… J'ai du mal à croire qu'elle était venue là pour me tuer… D'ailleurs, pourquoi m'aurait-elle tué ?

Ginette. – Vous ne lui plaisiez peut-être pas.

ROUSSIN. – Ça m'étonnerait, elle m'a avoué qu'elle m'aimait.

GINETTE. – Elle disait vraiment n'importe quoi, sa mort n'est pas une grande perte.

ROUSSIN. – Lacave ! Faites-la taire ou je la frappe !

LACAVE. – Tais-toi, Ginette.

ROUSSIN, *tout à coup très ému.* – Elle m'a menti… Elle ne m'aimait pas… Elle est venue me voir pour me tuer… M'assassiner… *(Il se reprend.)* Comme quoi on peut encore en apprendre à un vieux renard comme moi. Prenez-en de la graine, Lacave.

LACAVE. – Les renards ne mangent pas de graines, chef.

ROUSSIN. – Mon Dieu qu'il est con… Bon ! À nous maintenant. Qu'est-ce que vous avez fabriqué pendant tout ce temps où je vous ai envoyé retrouver la trace du vieux scout au Raspoutine's Club ?

LACAVE. – Heu… bien…

Le téléphone sonne. Roussin décroche.

ROUSSIN. – Allô ! Commissaire Roussin à l'appareil… Oui… Quoi ?!… Le duc de Mornifle… mort ?… Écrasé par un chauffard ?… A-t-on relevé le numéro d'immatriculation ?… Une Jaguar ?…

GINETTE. – Ce n'est pas une voiture à mettre entre toutes les mains.

LACAVE. – Tais-toi, Ginette.

ROUSSIN. – Il n'a rien dit avant de mourir ?… Quoi ?… Attendez que je prenne un crayon… Allez-y… « C'est le belgeau qui m'a eu. » Qu'est-ce que c'est qu'un belgeau ?… Ah ! le belge O ! D'accord, faites le nécessaire et tenez-moi au courant… D'accord. Salut. *(Il raccroche.)* Le duc de Mornifle a été écrasé par une voiture anglaise.

LACAVE. – Une Jaguar.

ROUSSIN. – Vous avez entendu ? Oui, une Jaguar. Une voiture étrangère… Mais nom de Zeus, ils ne peuvent donc pas acheter des voitures françaises ?!

GINETTE. – Pourquoi ? Elles font moins mal quand elles vous écrasent ?

LACAVE. – Tas-toi, Ginette.

ROUSSIN. – Revenons à notre scout. Avez-vous trouvé quelque chose au Raspoutine's Club ?

LACAVE. – Eh bien, chef, j'ai fouillé partout, dans tous les recoins du cabaret, et…

ROUSSIN. – … et vous avez trouvé le cadavre du vieux scout dans une ruelle sombre, juste à côté du cabaret.

LACAVE. – Comment le savez-vous ?

ROUSSIN. – Paturon était là.

LACAVE. – Ah…

ROUSSIN. – Vous ne l'avez pas vu ?

LACAVE. – Hein ?… Heu… non…

ROUSSIN. – Lacave, avouez que vous n'êtes pas allé au Raspoutine's Club.

LACAVE. – Si, chef ! Vous pouvez demander au balayeur…

GINETTE. – Ou au gérant de l'hôtel.

ROUSSIN. – Quel hôtel ?

GINETTE. – Hein ?

ROUSSIN. – Je vous demande : quel hôtel ?

Lacave. – Heu... eh bien, voilà... nous, enfin... je...

Roussin. – Vous n'allez pas me dire que vous avez fait ce que je crois comprendre?

Lacave. – Eh bien, si, chef.

Roussin. – Eh bien, bravo, Lacave!

Ginette. – Il ne faut rien exagérer, quand même.

Roussin. – Monsieur s'envoie en l'air alors qu'il est en mission et que moi je risque ma vie!

Lacave. – Je suis quand même arrivé à temps pour vous sauver, chef.

Roussin. – Bon! Dites donc, au fait, vous avez une Jaguar?

Ginette. – Oui.

Roussin. – Et vous êtes allé au Raspoutine's en Jaguar?

Lacave. – Non, chef, en métro.

Roussin. – En métro?

Ginette. – Oui, elle n'a pas voulu démarrer.

Lacave. – Ça doit être un problème de bougies.

Le téléphone sonne. Roussin décroche.

Roussin. – Oui?... Qui ça?... M. Chenard, un loueur de voitures? Passez-le-moi... Allô! Commissaire Roussin à l'appareil, je vous écoute... Vous avez loué hier une Jaguar grise...

Ginette. – Comme la mienne.

Roussin. – On vous l'a ramenée aujourd'hui légèrement cabossée à l'avant? Mais qui vous l'a ramenée?... Vous ne savez pas?... Vous l'avez retrouvée dans votre garage? Il y a longtemps?... Dix minutes. À qui aviez-vous loué cette voiture?... Oui, son nom...

Dupond? Oui, c'est pas courant... Comment était-il physiquement?... Taille moyenne... Lunettes noires et chapeau rabattu? Eh bien, avec ça, on ne peut pas faire grand-chose... Hein?... Une odeur de frites? Ça par exemple!... Oui, venez faire une déposition. Au revoir. *(Il raccroche.)* Vous avez entendu, Lacave?

LACAVE. – Oui, chef : « une odeur de frites ».

ROUSSIN. – Au fait, où est Paturon? *(Il appuie sur l'interphone.)* Envoyez-moi Paturon.

VOIX INTERPHONE. – Il n'est pas là, chef.

ROUSSIN. – Où est-il?

VOIX INTERPHONE. – Je ne sais pas, chef.

ROUSSIN. – Bon, merci.

LACAVE. – Il est peut-être parti acheter des frites...

ROUSSIN. – Des frites?... Une odeur de frites...

LACAVE. – Oh! chef! Vous ne pensez pas...

ROUSSIN. – Et pourquoi pas? Après tous les événements que nous venons de vivre, il faut tout envisager.

LACAVE. – Bien sûr, mais c'est tout de même très désagréable de soupçonner ses plus fidèles collaborateurs.

ROUSSIN. – Très désagréable, mais pas plus désagréable que de ne rien soupçonner et se retrouver dans une situation extrêmement désagréable.

GINETTE. – Ça c'est bien vrai.

ROUSSIN. – Vous, je ne vous ai rien demandé.

GINETTE. – Et vous avez eu raison, c'est pas beau de demander.

Roussin. – Lacave, vous allez vous occuper du corps…

Lacave. – Quel corps, chef?

Roussin. – Du corps de Dorothy.

Lacave. – Excusez-moi, je l'avais oublié.

Roussin. – Ce qui explique que vous lui marchez sur la main. Vous allez vous occuper du corps de Dorothy. Moi, pendant ce temps, je vais retourner fouiller l'appartement de Loupigne. C'est là-bas que se trouve la clé de notre enquête.

Lacave. – Vous ne devriez pas aller là-bas tout seul, chef, ça peut être dangereux.

Roussin. – Je vais demander à Lenvapé de m'accompagner.

Lacave. – C'est pas la peine, chef, il y est.

Roussin. – Où ça?

Lacave. – Dans l'appartement de Loupigne.

Roussin. – Quoi?!

Lacave. – Oui, chef, depuis hier.

Roussin. – Comment? Depuis hier?! Mais que fait-il là-bas?

Lacave. – Je ne sais pas, chef, mais quand nous sommes partis, il avait pris la place de la victime dans le lavabo pour la reconstitution.

Roussin. – Autrement dit?

Lacave. – Il trempe, chef.

RIDEAU

FIN DU 2ᵉ ACTE

ACTE III

Scène I

La porte de la chambre s'ouvre et une silhouette pénètre dans la pièce en s'éclairant d'une lampe torche. Le faisceau de la lampe se pose sur l'interrupteur. Une main appuie sur cet interrupteur et la lumière du plafonnier éclaire la chambre, dévoilant en même temps la présence du commissaire Roussin. Le commissaire se dirige vers la salle de bains. Il entrouvre la porte, se penche à l'intérieur et ressort précipitamment.

ROUSSIN. – Pauvre Lenvapé, c'était le plus honnête de nous tous. Trop poli... cier pour être honnête. *(Il rit doucement.)* Je ne m'ennuie pas avec toi... *(À ce moment, on entend un bruit venant de la porte d'entrée. Le commissaire s'empresse d'éteindre la pièce, puis va se cacher derrière une tenture. La porte de la chambre s'ouvre lentement et une silhouette, s'éclairant avec une lampe électrique, entre dans la chambre. La silhouette fouille dans les meubles, sous le lit, derrière les tableaux. Roussin, qui s'est glissé vers la minuterie, allume brusquement la pièce, nous faisant connaître l'identité de l'inconnu qui n'est autre que l'inspecteur Lacave.)* Lacave?! Qu'est-ce que vous faites ici?

LACAVE. – Je... Je vous cherchais, chef.

ROUSSIN. – Dans la commode?

LACAVE. – C'est pas votre style?

ROUSSIN. – La commode?

LACAVE. – Non, de vous cacher dedans.

ROUSSIN. – Alors, que cherchiez-vous dans cette commode, sous le lit et derrière les tableaux?

LACAVE. – Eh bien…

ROUSSIN. – Eh bien, quoi?

LACAVE. – Eh bien, comme la chambre n'était pas allumée, j'ai pensé… j'ai pensé que vous n'étiez pas encore arrivé et…

ROUSSIN. – Et quoi?

LACAVE. – Et je me suis dit que si je retrouvais le microfilm ça vous ferait plaisir.

ROUSSIN. – Et pourquoi n'avez-vous pas allumé en entrant?

LACAVE. – Je ne savais pas où était la minuterie.

ROUSSIN. – Et comment avez-vous fait pour entrer?

LACAVE. – Par la porte…

ROUSSIN. – Avec quelle clé?

LACAVE. – Avec un passe…

ROUSSIN. – Alors comme ça, vous veniez chercher le microfilm?

LACAVE. – Heu… oui… chef.

ROUSSIN. – Pour me le remettre?

LACAVE. – Oui.

Roussin. – C'est très gentil de votre part, Lacave, mais le microfilm, je l'ai trouvé tout seul.

Lacave. – Bravo, chef ! Je suis bien content pour vous… et pour moi.

Roussin. – Pourquoi pour vous ?

Lacave. – Parce que je vais l'avoir sans effort.

Roussin. – Je ne comprends pas, Lacave.

Lacave, *sortant un revolver en le braquant sur Roussin*. – Ceci va vous aider à comprendre.

Roussin. – Tiens, voilà mon fidèle collaborateur qui se prend pour Nick Carter… *(Dick Tracy, Mike Hammer ou autre…)*

Lacave. – Le fidèle collaborateur n'a qu'à appuyer sur la petite gâchette que voici et le chef bien-aimé du fidèle collaborateur passera de vie à trépas.

Roussin. – Pour un imbécile, vous êtes précis.

Lacave. – Je préfère être un imbécile en bonne santé qu'une forte intelligence dans le corps d'un défunt. Maintenant, passez-moi le microfilm !

Roussin. – Je ne l'ai pas. Et même si je mens, ce n'est pas en me tuant que vous saurez si j'ai dit la vérité. Ce qui prouve bien qu'un imbécile en bonne santé n'est pas infaillible.

Lacave. – Alors pourquoi m'avez-vous dit que vous aviez le microfilm ?

Roussin. – Pour vous confondre, Lacave.

Lacave. – Avec qui ?

Roussin. – J'ai dit « confondre » dans le sens d'échouer. Lacave, vous êtes confondu.

Lacave. – Allons donc ! Confondu, moi ?

Roussin. – Eh oui, Lacave, quoique « fondu », je ne le sais que depuis peu.

Lacave. – Où est le microfilm ?

Roussin. – Je n'en sais rien, mais j'ai une petite idée sur la question.

Lacave. – Quelle est cette idée ?

Roussin. – On verra ça plus tard. Pour l'instant, dites-moi pour qui vous travaillez, Lacave.

Lacave. – Pour Ginette, commissaire.

Roussin. – Pour cette gourde ?!

Lacave. – Cette gourde, comme vous dites, est le meilleur agent de l'Intelligence Service.

Roussin. – Je demande à voir les autres. Elle est anglaise votre Ginette ?

Lacave. – Non, française.

Roussin. – Une Française qui travaille pour ceux qui ont brûlé Jeanne d'Arc ?

Lacave. – Et alors ? Les Italiens nous ont bien mitraillés sur les routes en 40, ça ne nous empêche pas de manger des escalopes milanaises !

Roussin. – Je ne vois pas le rapport…

Lacave. – Moi non plus, mais ça ne veut pas dire que j'ai tort.

ROUSSIN. – Alors vous trahissez votre pays, la police française et moi-même pour l'Angleterre?

LACAVE. – Mais oui, mais oui.

ROUSSIN. – Et c'est cette Mata Hari de grandes surfaces qui vous a envoûté?

LACAVE. – Elle ne m'a pas envoûté, mais elle paye bien.

ROUSSIN. – Comment avez-vous pu en arriver là?

LACAVE. – C'est une longue histoire.

ROUSSIN. – Je ne suis pas pressé.

LACAVE. – Eh bien, je vais vous la raconter, et après je vous tuerai.

ROUSSIN. – Comme dans les romans policiers où l'assassin se confesse avant d'abattre le flic qui l'a découvert?

LACAVE. – Exactement.

ROUSSIN. – Même quand vous étiez policier, vous tiriez trop mal.

LACAVE. – De près, je suis imbattable. Puis-je raconter mon histoire?

ROUSSIN. – Je vous en prie.

LACAVE. – Après avoir été un policier irréprochable pendant près de quinze ans, j'ai fait connaissance il y a quelques mois de Ginette Glomeau…

ROUSSIN. – Et en plus elle s'appelle Glomeau…

LACAVE. – Les noms propres n'ont pas d'orthographe, commissaire!

ROUSSIN. – Ça veut dire quoi?

LACAVE. – Taisez-vous! Ne cherchez pas à gagner du temps!

Roussin. – Bon, continuez.

Lacave. – Dans une cabine téléphonique. Je téléphonais. Dehors il pleuvait. Elle est entrée pour s'abriter et tout de suite nous nous sommes aimés.

Roussin. – Dans une cabine téléphonique ?

Lacave. – Oui. J'avais raccroché.

Roussin. – Ah bon...

Lacave. – Ce fut huit jours de caresses et d'étreintes...

Roussin. – Toujours dans la cabine téléphonique ?

Lacave. – Non, chez elle. Et un jour, après une nuit plus folle que les précédentes, elle m'a persuadé de travailler pour l'Intelligence Service. Elle trouvait navrant que je gâche mon intelligence pour la police, alors que je pouvais être si utile ailleurs. J'acceptai, et elle me confia ma première mission. Il s'agissait de récupérer un microfilm que Loupigne, agent de la CIA travaillant pour le KGB, avait en sa possession.

Roussin. – Le fameux microfilm que vous cherchez encore.

Lacave. – Oui, mais aujourd'hui je suis près du but.

Roussin. – Ça c'est vous qui le dites. Mais dites-moi, espion de mes fesses, comment se fait-il que vous ayez mis autant de temps pour retrouver sa trace ?

Lacave. – Parce que ce microfilm était aussi convoité par Wolf, agent soviétique installé dans cet immeuble par le KGB, pour surveiller Loupigne, par le duc de Mornifle des services secrets allemands, par Lebaveu qui travaillait pour lui, par Dorothy Paddock des services secrets français et qui était sa maîtresse.

Roussin. – De Lebaveu ?!

Lacave. – Non, Loupigne. H2O également.

Roussin. – H2O était la maîtresse de Loupigne ?

Lacave. – Non, il cherchait le microfilm.

Roussin. – Ah bon !

Lacave. – H2O, espion israélien qui était secondé par Mme Salingue, espionne arabe.

Roussin. – Ça fait beaucoup de monde pour un petit bout de pellicule.

Lacave. – Je m'étais donc installé dans l'appartement en dessous de celui de Loupigne, avec Ginette. De cette façon, nous avons pu à tour de rôle surveiller ses entrées et ses sorties. Nous avons même pu déterminer l'heure à laquelle il prenait son bain.

Roussin. – Quand avez-vous décidé de le supprimer ?

Lacave. – Eh bien, plusieurs fois lorsqu'il était absent, nous sommes allés fouiller chez lui. Nous avons tout retourné, nous avons fouiné dans les moindres recoins… Alors, nous nous sommes lassés.

Roussin. – C'est humain. Mais dites-moi, Lacave, il y a quelque chose que je ne comprends pas.

Lacave. – Ça aussi c'est humain.

Roussin. – Vous venez de me dire que vous habitiez dans l'appartement du dessous…

Lacave. – C'est exact. Nous avons profité de l'absence de son locataire.

Roussin. – Eh bien, justement, ce locataire aurait pu revenir à l'improviste.

LACAVE. – Sûrement pas.

ROUSSIN. – Pourquoi?

LACAVE. – Parce qu'actuellement, il doit se trouver en terre Adélie avec une expédition française.

ROUSSIN. – C'est un explorateur?

LACAVE. – Je ne crois pas.

ROUSSIN. – Alors que fait-il là-bas?

LACAVE. – Il n'en sait rien lui-même, nous l'avons expédié nous-mêmes dans une caisse.

ROUSSIN. – Vous ne reculez devant rien.

LACAVE. – Nous avions besoin de cet appartement.

ROUSSIN. – Mais comment faisiez-vous pour entrer dans l'appartement sans être vu?

LACAVE. – Nous entrions la nuit et nous repartions à la levée du jour.

ROUSSIN. – Et vous n'avez jamais rencontré le concierge?

LACAVE. – Quelques fois.

ROUSSIN. – Il ne vous a jamais posé de questions?

LACAVE. – La plupart du temps il dormait, et quand il ne dormait pas, nous ne lui donnions pas le temps d'ouvrir la bouche. Nous avons dû l'assommer une bonne dizaine de fois, durant les premiers jours.

ROUSSIN. – Et par la suite, il a pensé qu'il lui était préférable de dormir?

LACAVE. – C'est ça.

Roussin. – Mais comment faisiez-vous pour aller de votre appartement à celui de Loupigne ? Par l'escalier ?

Lacave. – Par la cour, à l'aide d'une corde, comme l'a découvert notre regretté Lenvapé. Nous arrivions et repartions par la fenêtre de la cuisine. Sauf le jour du meurtre, où cet imbécile de concierge a failli nous surprendre. Ce jour-là, nous sommes repartis… enfin, je suis reparti par la salle de bains.

Roussin. – Il nous a dit que ce jour-là, justement, la porte était ouverte.

Lacave. – Elle n'était pas ouverte, c'est lui qui l'a ouverte.

Roussin. – Pour quoi faire ?

Lacave. – Sans doute pour venir faire ce que j'avais fait : chercher le microfilm.

Roussin. – Et le tuer si Loupigne rentrait à l'improviste, comme vous l'avez fait ?

Lacave. – On ne peut plus rien vous cacher, commissaire.

Roussin. – Qui a eu l'idée de cette arme ? Une boule de pétanque cachée dans une éponge ? Ginette Glomeau ?

Lacave. – Non, c'est moi. Cette merveilleuse idée originale est de moi.

Roussin. – Et pourquoi avoir habillé Loupigne en marin ?

Lacave. – Pour brouiller les pistes.

Roussin. – Mais pourquoi avoir choisi un costume de marin ?

Lacave. – Étant gosse, j'ai toujours eu envie d'un costume de marin et je n'en ai jamais eu, alors je me suis fait ce petit plaisir. C'est Ginette qui l'a acheté. Original tout ça, non ?

Roussin. – Ce qui est original c'est surtout d'avoir oublié l'arme du crime.

Lacave. – Oublié ? Mais pas du tout : c'est volontairement que je l'ai laissée. Je voulais faire connaître cette nouvelle arme au monde entier !

Roussin. – Complètement débile.

Lacave. – Je n'ai que faire du jugement d'un mort en sursis !

Roussin. – Dites-moi, je suppose que c'est Ginette qui m'a assommé ?

Lacave. – Oui, c'est elle. Elle voulait vous tuer mais elle manque de technique.

Roussin. – Ça peut s'acquérir, mais il faut travailler durement.

Lacave. – C'est ce que je lui ai dit.

Roussin. – Et elle m'a assommé pour rechercher en toute tranquillité le microfilm que vous n'avez pas trouvé.

Lacave. – C'est ça. Et elle aurait peut-être eu le temps si ce crétin de Lenvapé n'était pas arrivé à l'improviste. Il a bien fallu que je revienne ici avec lui. Alors Ginette a dû s'enfuir par la fenêtre de la salle de bains comme je l'avais fait la nuit du meurtre.

Roussin. – Pourquoi avez-vous tué le vieux scout ?

Lacave. – Il me soupçonnait. Il m'avait vu sortir de l'appartement inoccupé.

Roussin. – Et Dorothy ?

Lacave. – Je l'ai abattue pour votre légitime défense.

Roussin. – Vous mentez, Lacave.

Lacave. – Elle allait vous tuer.

Roussin. – Certainement pas. J'ai vérifié son revolver : c'est un revolver d'alarme.

Lacave. – Elle devenait embarrassante.

Roussin. – Elle allait me donner le microfilm, et c'est pour cette raison que vous l'avez abattue lâchement de deux balles dans le dos !

Lacave. – Une seule. La deuxième est partie toute seule.

Roussin. – Peu importe. Vous l'avez tuée pour rien puisqu'elle n'avait pas le microfilm.

Lacave. – Donc elle vous avait menti ?

Roussin. – Elle ne m'a pas menti. Elle avait le microfilm dans son sac, j'en suis persuadé.

Lacave. – Parce que c'est vous qui l'avez pris.

Roussin. – Non, ce n'est pas moi !

Lacave. – Allons donc ! Il y avait dans votre bureau trois personnes et…

Roussin. – C'est exact. Trois personnes. Vous qui ne l'avez pas puisque vous êtes venu me le demander, moi qui ne l'ai pas et votre amie Ginette. Qu'en déduisez-vous ?

Lacave. – J'en déduis que vous mentez !

Roussin. – Et si je ne mentais pas, il ne resterait que vous et Ginette.

Lacave. – Je n'ai pas le microfilm.

Roussin. – Alors, si je ne l'ai pas et que vous ne l'avez pas… hein ?

Lacave. – Que voulez-vous dire ?

Entre soudainement Ginette, un revolver à la main.

Scène 2

GINETTE. – Imbécile ! Tu es encore plus bête que je le croyais !

LACAVE. – Ginette !

GINETTE. – Pose ce revolver sur la table et lève les mains en l'air !

LACAVE. – Chérie… Tu plaisantes ?…

GINETTE. – Il n'y a pas de chérie qui tienne ! Lève les mains et tais-toi ! *(Lacave obéit.)* Mais oui, imbécile, c'est moi qui ai le micro-film. Pendant que vous discutiez tous les deux, moi j'ai fouillé dans son sac et je l'ai pris.

LACAVE. – Tu m'as trahi ?… Toi ?

GINETTE. – Oh ! j'en ai trahi d'autres ! Et des plus forts. Bon, ma mission est terminée, je vais vous laisser…

ROUSSIN. – Nous laisser ?

GINETTE. – Oui, mais morts.

LACAVE. – Tu t'es jouée de moi, moi qui t'aimais comme un fou…

GINETTE. – Arrête ton char, les essieux grincent ! Tiens, je t'ai rapporté ça. *(Elle fouille dans son sac, sort une éponge et la glisse dans l'imper de Lacave.)* Une boule de pétanque avec une éponge. Elle était dans la salle de bains ce matin, je l'ai reçue sur le pied.

LACAVE. – Bien fait !

GINETTE, *sortant un autre revolver de son sac.* – Je vais donc vous supprimer tous les deux, chacun avec un revolver différent. Quelle arme préférez-vous, commissaire ? Le Beretta ou le Luger ?

ROUSSIN. – Vous voulez faire croire à un règlement de compte ?

GINETTE. – Exactement. Rien ne vous échappe, commissaire. Avouez que c'est ingénieux ! Qu'en dis-tu, Maurice ?

ROUSSIN. – Maurice est déçu.

GINETTE. – Il l'a été toute sa vie, à chaque fois qu'il passait devant une glace.

LACAVE. – Mes caresses ne t'ont pas toujours laissée insensible !

GINETTE. – Ça c'est vrai, surtout une. Mais ce jour-là c'était sans le faire exprès.

LACAVE. – Tu mens ! Tu as frémi dans mes bras !

GINETTE. – Dans un studio pas chauffé, c'est normal.

LACAVE. – Et les baisers que tu me donnais ? Ces longs baisers tendres…

GINETTE. – Il fallait bien que je fasse quelque chose.

ROUSSIN. – Si je vous gêne, je peux sortir.

LACAVE. – Une nuit tu m'as dit que tu n'avais jamais connu ça avec d'autres hommes ! Ne le nie pas, tu l'as dit !

GINETTE. – Ça c'est vrai.

LACAVE. – Ah !

GINETTE. – Jamais je n'avais rencontré d'amant aussi minable.

LACAVE. – Immonde créature !

GINETTE. – Bon, maintenant, ça suffit ! Faites votre prière !

ROUSSIN. – Je ne suis pas croyant.

GINETTE. – Alors je vais vous abattre en premier. Toi, commence à prier.

LACAVE. – Je ferai ce que je veux !

ROUSSIN. – C'est plus le moment de bouder, Lacave.

GINETTE. – Commissaire, à vous.

Elle s'apprête à tirer quand l'inspecteur Paturon fait son entrée. Il a un revolver dans la main droite et un cornet de frites dans la main gauche.

SCÈNE 3

PATURON. – Haut les mains ! Lâchez cette arme, mademoiselle Glomeau !

LACAVE. – Paturon, au nom de nos années de travail en commun…

PATURON. – Nos années de travail en commun ? Qu'est-ce qu'il ne faut pas entendre ! Espèce d'espion à la gomme, tu n'as pas en face de toi le « minable petit inspecteur mangeur de frites », comme tu m'avais surnommé ! Tu as devant toi, vous avez devant vous, l'agent secret O, des services de renseignements belges !

GINETTE. – C'est vous O ?

PATURON. – C'est moi O.

GINETTE. – Ah…

PATURON. – Non pas A, O.

ROUSSIN. – C'est vous qui avez assassiné le duc?

PATURON. – Bien sûr que c'est moi!

ROUSSIN. – Vous avez loué une Jaguar pour que mes soupçons se portent sur Lacave et Ginette?

PATURON. – Oui, commissaire. Avouez que c'était habile et que vous avez marché.

ROUSSIN. – J'aurais marché s'il n'y avait pas eu ce petit détail.

PATURON. – Quel petit détail?

ROUSSIN. – L'odeur de frites dont les coussins sont imprégnés.

PATURON. – Ah! ça c'est ma faiblesse! Mais alors…

ROUSSIN. – Eh oui, Paturon, je savais que c'était vous l'auteur de ce meurtre.

PATURON. – Pourquoi ne m'avez-vous pas arrêté?

ROUSSIN. – Pour des raisons personnelles. Et puis, ce qui m'intéressait et qui m'intéresse toujours, c'est ce microfilm.

PATURON. – Ah oui! C'est vrai! Alors, on me le donne ce microfilm? Lacave, donne-moi ce microfilm ou je te tire une balle dans la glotte.

LACAVE. – C'est Ginette qui l'a!

GINETTE. – Dégonflé! Ordure! Minable!

LACAVE. – Madame, je ne vous connais pas.

GINETTE. – J'aurais dû t'abattre dès que je suis entrée!

PATURON. – Ne vous inquiétez pas, ce sera fait dès que je serai en possession du microfilm. En attendant, donnez-moi ce que je vous demande ou je vous tire une balle dans la glotte!

ROUSSIN. – Vous tirez toujours vos balles dans la glotte ?

PATURON. – Oui, j'ai été élevé à Lourdes. *(Il rit bêtement.)*

LACAVE. – Qu'est-ce qu'il raconte ?

ROUSSIN. – Rien, c'est de l'humour belge.

LACAVE. – Ah !

ROUSSIN. – Qu'y a-t-il ?

LACAVE. – Les flottes de Lourdes ! Ah ! ah ! ah ! Très drôle !

PATURON. – Merci de rire avant de mourir, ça fait plus gai. Alors, Ginette, ce microfilm, ça vient ?

> *Ginette sort un objet de son sac et le lance au visage de Paturon.*
> *Paturon tire sur Ginette et la manque.*
> *Lacave en profite pour ramasser son pistolet, il tire sur Paturon et le manque.*
> *Ginette, qui a repris son arme, tire sur Lacave et le manque.*
> *Paturon tire sur Lacave et le manque.*
> *Lacave tire sur Ginette et la manque.*
> *Ginette tire sur Paturon et le manque.*
> *Cet exercice de tir va en s'accélérant. Chacun des protagonistes a choisi un meuble pour se planquer.*
> *Le commissaire Roussin est au centre de la bagarre, tranquille, détendu. Il allume une cigarette.*

ROUSSIN, *entre deux feux.* – Ça va mal se terminer.

LACAVE. – Ginette, ta dernière heure a sonné ! *(Il tire sur Ginette et c'est Paturon qui s'écroule.)* Oh ! excusez-moi !

PATURON, *avant de mourir.* – Sa… laud… tu ne perds rien pour attendre… *(Il vise Lacave, tire. Ginette tombe à la renverse.)*

LACAVE. – Elle t'a reçu cinq sur cinq !

PATURON. – Pas facile de tirer… avec le voile de la mort… devant les yeux. *(Il meurt.)*

GINETTE. – Ça fait mal…

LACAVE. – Ça fait mal ?

GINETTE. – Oh oui !… Tiens ! *(Elle tire sur Lacave qui tombe, mortellement blessé.)*

LACAVE. – Oh ! c'est vrai que ça fait mal…

GINETTE. – Ah ! tu vois !

LACAVE. – Ginette, je suis content que tu meures… ça fera une saloperie…

GINETTE. – … et un tocard…

LACAVE et GINETTE, *dans un dernier souffle.* – … en moins…

Le commissaire s'approche du corps de Ginette, ramasse son sac, l'ouvre et prend le microfilm. Puis il se dirige vers le téléphone et compose un numéro.

ROUSSIN. – Allô !… Mademoiselle, je voudrais le 00 22 254 14 00 à Pékin, s'il vous plaît… Merci. *(Un temps.)* Allô ! Le 00 22 254 14 00 ?… Le camarade Li Tsou Chang ?… Ici Roussin : mission accomplie !

Il raccroche, se tourne vers le public et rit comme un Chinois.

RIDEAU

FIN

AVIS IMPORTANT

Cette pièce de théâtre fait partie du répertoire de la Société des Auteurs et Compositeurs Dramatiques, 11 bis rue Ballu 75442 PARIS Cedex 09. Tél. : 01 40 23 44 44. Elle ne peut donc être jouée sans l'autorisation de cette société.

Nous conseillons d'en faire la demande avant de commencer les répétitions.

Imprimé à la demande par Books On Demand GmbH, Bad Hersfeld, Allemagne

4e trimestre 2014
1re édition, dépôt légal : décembre 2014
N° d'édition : 20158
ISBN : 978-2-84422-971-7